冒険登山のすすめ

最低限の装備で自然を楽しむ

米山悟 Yoneyama Satoru

★——ちくまプリマー新書

264

目次 * Contents

第3章 登山に必要な技術……58

イラスト　橋尾歌子

はじめに

山登りをしてみたい、と思ったことはありますか？　それはどんな山ですか？　エヴェレストみたいな凍って高い山？　緑の湿原台地が遠くまで続く爽やかな山？　行ってみたいな、と思うその想像の中の風景は天国のイメージに近いことが多いです。実際、映画などで見る天国のイメージは、高い山の上で見た覚えのある風景に近いものです。日本の修験道者はたぶん、あの世とのあわいを求めて高山に登りました。でもね、山登りには、実は地獄もあります。地獄（ピンチ）だけを全く避けて山登りをするわけにはいきません。

美しい風景、美しい造形の中で時に訪れる多少のピンチを自分の頭と体で切り抜けて、計画した目的を遂げて、無事に家まで帰るのが山登りです。これだけのことが、とても楽しく、気持ちがよいのです。「多少のピンチ」と書きましたが、これは主観的なもの。初心者にとっては、どんなことでも大きなピンチに思えます。そして、経験者にとっても、多少のピンチは永遠に訪れます。絶対安全な、管理された場所でのゲームではないのが山登りであり、そこに山登りの魅力もあるのだと私は思います。そしてそれは人が生きることそのものではないかと思います。

人生には、予期できないピンチが訪れ、機智《きち》と経験と、偶然と、人の助けによって乗り越えることの繰り返しです。それを天然の山の中で、五体を使って格闘して家に帰ると、なんとも爽やかなのです。「何でわざわざ山登りなんかするのさ」という人が結構いますが、私に言わせれば、「何でわざわざ生きているのさ」というのと同じくらい意味のない疑問なのです。楽しいからに決まっているじゃないですか。

それでは山に登るにはどうすればよいか？　エヴェレストや富士山、という憧れも大切です。多くの人は写真やテレビで見た美しい山の映像から行きたくなることが多いと思います。誰かに連れて行ってもらって有名なところに行くのももちろんＯＫです。

でも私はまず、初めは住まいの近くの親しみある山をお勧めします。もし山際に住んでいるなら、家の裏の山なら、家から歩いて行けるでしょう。都市の平坦な住宅街に住む人でも、晴れた日には平野の果てに山が見えるはず。少し電車かバスに乗れば良いだけです。長いこと住んでいても登ったことがない山ならば、山の上から見慣れた風景を俯瞰《ふかん》するだけでも新鮮です。そんな裏山、何度も登ったよ、という人は、その後ろの山に続きがあると思います。地域に親しまれている裏山といっても独立峰で三角の小山があるわけではなく、たいてい大きな山脈から平地に派生してきた尾根の末端のわずかな高まりに過ぎないのです。その後ろの山並みをどこまでも歩いていけば、山向こうの町まで続いています。

もっと経験を積んで遠出の山行をできるようになったらそのまま県境を越えます。そうして歩くと自分の住んでいる町が、どんな山に囲まれてどんな歴史といきさつを経てきたのか、少しずつわかってくると思います。住む町から見える山を登った後は、その山の見え方が間違いなく変わります。小さな地形の一つ一つを目で追えば、そこを歩いたときの記憶を追想します。そうやって、まずは自分の立ち位置から、自分の手作りの計画で格闘してみることを勧めます。

エヴェレストや富士山は、行きたいと思い続ければ、いつか必ず行けます。ガイドブックやツアー登山でよくある山登りをすることもできます。でも、山登りをまず、自分のいる場所から始めることを勧めたくて、この本を書きました。

第1章　山登りの楽しみ

1　山登りとは？

山での楽しみは、たくさんあります。でも結構、人によって嗜好が違います。日本百名山や、ご当地百名山を、ひとつひとつお遍路さんするのが好きな人もいます。写真が好きで、「天国や地獄（主に天国）」の写真を撮るのが目的で山に通う人もいます。山の草木、花、きのこは季節で変わり、高さ、地域でも変わる奥深いものです。山ではそれらに凄《すご》く詳しい人にたくさん会います。山でとった山菜やきのこで料理をしたり、酒を飲んだりする宴会山行が好きな人もいます。山用の調理道具は良くできていてコンパクトで、これで料理するのは楽しいものです。山の高いところで寝起きすれば、絶景を見ることもできます。スポーツ好きの人には、体力の限界、クライミング能力の限界に挑む流派の人もいます。近年は、トレイルランニングという分野の愛好家人口が急増しています。山道を軽装で走り、一〇〇㎞を超えるレースもあります。タイムを競い大勢で走るレースなのでスポーツ的な分野です。

さて、ここまでは少し他人ごとのように書きました。さまざまな分野、流派がありますが、どれもが山登りの魅力です。初めは各自の興味分野を入り口にして山登りに親しんでください。すべての流派の山登りに共通の魅力、芯となる部分があります。長く山登りを続ければ、その魅力にいつか行きつきます。

山登りで一番芯になる楽しみとは、日常生活で失っている探検心と発見心を取り戻すことではないでしょうか。そして人が生き物として生き生きと、生き返ることができるということです。人は都市の中で便利な暮らしに慣れていますが、山に登ると、その便利さとは暫《しば》しのお別れとなります。まず自分の足で歩き、背中に運んだものだけで飲み食いし、雨が降れば濡れ、寒ければ火をつけ、暗くなれば眠ります。そうやって、人が都市で忘れてしまった本来の能力と記憶が目覚めるのが、とてもうれしいのです。

世界的なトレイルランナーの山本健一さんが著書で、限界まで走ったとき、野生にもどる瞬間が訪れ、それがたまらなく気持ちいいと書いていました。自分自身の身体こそ、もっとも身近な「自然環境」であるのに、日常の暮らしで全く自覚しなかった「内なる野生」を発見した喜びなのだと思います。

私の好きな山登りは、その芯の部分を求めて道のない山や雪山に登り、それまで知らなかった山の一面を文字通り探検することです。そして山は都市の人間社会の便利さを手放す代わりに、自立し、限りない自由の感覚を感じるところです。私を高校生のころからとらえて離さなかった山の魅力は、「自由」そのものだったのではないか、と今にして思います。

「自由」という言葉が出てきたので念のため申し上げると、人で混雑する人気ルートや紅葉シーズンの百名山のような山は、ここでいう山ではありません。山でのマナーがどうだとかいう話がよく出てきますが、山に特別なマナーなんかありません。人で混んでいる山はもはや山ではなく、公園のようなものです。公園の通り道で座り込んでは邪魔ですし、焚き火も駄目だし、大声で騒ぐのも迷惑です。でもそれは山のマナーではなく、もはや公衆のマナーですからお行儀よくお願いします。

自由を感じるための山登りは、人とほとんど会わないルートや、道のないルートです。

それは特殊な場所の話かと思うかもしれませんが、それは違います。そういうところはたくさんあり、山域の面積のほとんどを占めています。多くの人は、有名な山のそのうちいくつかのルートしか目に入らないだけなのです。初詣する神社は、混雑しているところは有名ですが、由緒ある古刹でもほとんど人のいない寺社はいくらでもあります。行列などせず、ゆっくりお参りができるというものです。

山登りの楽しみをまとめると、山登りとは、文明の恩恵を一時的に手放して見つける再発見です。それは一回発見して終わりではなく、結構やみつきになるものです。

ハイキングと登山の違い

日本では、「登山」は山を登ること全体、「ハイキング」というのは「登山」の中でもとても気楽な、二〜三時間で済みそうな、特別な道具が要らなそうな山歩きととらえていることが多いと思います。日本で通じるんだからそれでいいのですが、外国人と話すとハイキングの意味が少し違うので触れておきます。

英語圏の意味では、山登りは、ハイキング（hiking）とクライミング（climbing）に分かれます。

クライミングは、落下事故防止のためにロープ（ザイル）が必要な、傾斜のきついルートを登山することです。ロープを使う特別な技術が必要です。ロープはつかんで登るためのものではなく、落ちても数メートル以内で止まるためにつけるものです。

ロープをつかんだり、梯子に足をかけたりと、道具に頼らないやり方を、道具なし〝フリー（free）〟という意味で、フリークライミングと言います。

ハイキングは、クライミング以外の山登りです。何日もかけて重い荷物を背負って登山道を歩いていく山登りもすごく大変ですが、英語圏ではハイキングです。気楽なものとは限りません。

日本でいうハイキングは、以前は手ぶらで歩いてもよさそうなほど危機感のない山道の散歩のような印象がありました。でも、英語の意味のハイキングという言葉通りにとらえる人たちも以前より多くなっているように思います。つまり、世代によっても言葉の意味が違ってくるわけです。パンツと言えば思い浮かべるものが世代で違うように、外来語の意味って難しいものですね。

ハードなハイキングの代表は、日本の山登りなら夏山縦走でしょう。山を登ってその道を往復して下るのではなく、峰続きに隣の山へつないでいくことを「縦走」と言います。北アルプスや南アルプスを端から端まで全部、何週間もかけて縦走するような登山も、英語ではハイキングと言います。

2　登山との出会い

私の故郷は長野県の松本です。子供のころから、晴れた冬の朝の北アルプス、常念岳《じょうねんだけ》が好きでした。城下町の瓦屋根の上に、柿の木の梢の先に、白く三角の整った山頂を探すのが好きで、見晴らしの良い自宅の屋根の上や校舎の屋上などによく登り、眺めました。中学生になった一九七七年の夏、父に頼んで一緒に北アルプスの縦走をしました。父は特に熱心に登山をしていたわけではありませんが、一九三四年生まれの父の世代は、若いころには誰でも山歩きをした世代でした。今から見れば、ヒマラヤの八〇〇〇m峰、マナスルに日本隊が登った（一九五六年）登山ブームが青年時代です。北アルプスの主な縦走路というのは、険しく高い山であっても、案外道が整備されていて山小屋もありますから、中学生でも歩き通せます。むしろ、上高地への下山路では四十三歳の父のほうが先に膝が痛くなってしまい、棒きれを杖にゆっくり下っていました。

高校生になると北アルプス、南アルプス、八ヶ岳など、松本周りの高くて有名な山に学校の友人とテント泊しながら登るようになりました。こうした山は百名山などにも入り人気があるので、道も整備されていて夏なら安全に登れます。体力の限られた中高年はともかく中高校生なら、たとえ道を間違えても体力で挽回できますから遭難騒ぎなどにはならないものです。それに比べて標高が二五〇〇mより低い山は、かえって人が少なく、道が整備されていないこともある地味な山々です。松本から眺める山には、北アルプスの前山をはじめ、こうした「通」な山もたくさんあります。屋根の上からそんな松本盆地を囲む地味な山々を見ているうち、私は山の稜線《りょうせん》と空との境を全部歩いてみたいなどと思うようになりました。そして、ずっと後から知るのですが、そういう地味な山域には郷土の人たちが生活のために歩き回った過去の歴史が必ずあります。山と人との関わりは便利な今の時代とは比べ物にならないほど深いものだったのです。

こういう山域のガイドブックは、当時は皆無で、情報は口コミか、国土地理院の地形図だけでした。地形図には、地味な山だろうが盆地の底だろうが、どんな場所も必ず描いてあるのです。

地形図との出会い

地形図との出会いを強く覚えています。高校の世界史の先生は魅力ある人でした。青年期に海外を放浪旅行して自ら見たささやかな話を交えた授業はおもしろくて、メディチ家もオスマントルコも義和団の乱も生き生きと心に残っています。今と違って海外の自由旅行をした人などほとんどいない時代の話です。

アカデミックなうえダンディーな風貌のため男女を問わず、生徒から敬愛されていました。「人間とは○○する生き物である」という命題で自己紹介をしてみてくれ、と倫理社会の時間に新入生に問いかけて、一人一人の十六歳の「人間論」を、目を閉じて微笑んで聞いているような先生でした。先生の自宅を数人で訪ねたとき、安曇野《あずみの》の国土地理院地形図を広げて見せてくれました。

「見てごらん、町村の境には神社や祠《ほこら》が集中しているんだよね、なぜだろうね」と謎かけされたのを覚えています。

煙草とコーヒーの匂い、天井まで本がいっぱいに詰まった棚のある部屋で、憧れの大人の知的な趣味に触れたのです。その後真似をして買い込んだのが初めでした。

高校時代の先生はみな山好きな私を放っておいてくれました。古文の先生は、私が松本周辺の地味な山の一つ、鉢盛山《はちもりやま》（二四四六m）のガリ版刷りの山行記録を、授業中隠れて読んでいるのを見つけると、鉢盛山がいかにいい山であるかの話を始めました。

深田《ふかだ》久弥《きゅうや》の「日本百名山」を図書館で借りて読んでいると、数学の先生は「こんな本もあるぞ」といって「信州百名山」という、やはり地味な山満載の本を貸してくれました。そのころ「日本百名山」という本は、世間では今ほど知られていませんでした。

私は授業の日でも山に出かけましたが、山岳部顧問の美術の先生に「明日ひとりで鉢盛山に登ってきます」と一応ことわると、石の彫刻をしていた手を休めて先生は「ああ、気をつけてね」とだけ言いました。

授業はどうするんだとか、危ないからやめろとか、誰も言いませんでした。今から思えば、どの先生も山登りが好きだったころがあり、どんな山なのかよく知っていたのだと思います。そして私の心の中もよく知っていたのかもしれません。恵まれた高校時代だったと思います。

初めての冬山

長期間の山、冬季の山を登るには大きな道具が必要です。毎朝、新聞配達をして月に一つずつ、登山靴、大きなザック、テントを買いました。寝袋とガスストーブは家にあったのを使いました。高校二年の大晦日に、鉢伏山《はちぶせやま》（一九二九m）の山頂にテントで泊まりました。この山はほとんど樹林帯ですが山頂周りだけ樹林がなく、雪の吹きだまりがあります。テントの張り方も深い雪の歩き方も誰にも聞かず、全部自己流でした。冬山は寒いからと、登る前から厚着をして、大汗をかいてかえって身体がぬれて寒い思いもしました。濡れると冷たい木綿の下着も後悔しました。それでも、失敗してもすべて自分でやったことですし、次回気をつけるようになりました。

こう書くと、無謀で危険だ、と思うかもしれません。しかし種明かしをすれば、このあたりの山域で二五〇〇mを少しだけ越えたくらいの地味な山の山頂付近で、樹林帯から離れていないところというのは、何かあっても樹林帯に逃げ込めますし、雪崩にあうような谷筋でもありません。そういう見方は後から身につけたものではありますが、二年近く夏の山を経験して、「危険なこと」は今から見てもちゃんと避けていたようです。それはやはり、ガイドブックではなく、地形図をよく見ていたから判断できたのです。そして、自分で計画して、小さな失敗をたくさんしてみるという体験のほうが、深く身につきました。料理も、大根やじゃがいもを持って行って、煮物を作って食べました。ラーメンじゃなくてなんで煮物だったのか理由は思い出せませんが大晦日だからかな。料理にはダシ味がないとおいしくないんだ、ということがよくわかりました。

鉢盛山も長い林道を二月にラッセルしたのですが、膝まで積もる雪を踏みぬきながら重い荷物を背負って何時間も歩くのがどれだけ大変なのか、やってみて初めてわかりました。そしてその後そんな苦しみには慣れてしまうということも、そのときの自分にはわかりませんでした。そのまま先へ行こうか帰ろうか、日が暮れて、最終バスぎりぎりに引き返して下山し、家に帰ったら熱を出して寝込んだこともありました。どうしても冬山に登りたいと思っていましたが、誰かに教わろうとか、講習会に出ようというようなことはあまり考えませんでした。誰かに率いられて、よくある「コース」で冬山を始めるのが普通の始め方かもしれませんが、私がやりたかったのは多分、誰の助けも借りず自立して、山に触れたかったのだと思います。だからわざわざ人工物が雪の下に消えさる冬山に登ったのでしょう。そして大学進学で間もなく松本を離れる、その予感から自立することにすごく執着していたのだと思います。

私が当時、山に夢中になったのはそこに「自由」を感じたからです。たった一人、自分で決める。大自然の中で何をしてもいい。また逆に何もできない怖ろしい世界。夜の闇と小さな死の予感。それらすべてを含めた「自由」が山にはありました。

生涯最高の山体験

いまでもふさわしい年頃に最高の体験をしたと思える山登りがあります。松本盆地を囲む地味な山のひとつに、北東の空にそびえる戸谷峰《とやみね》（一六二九m）という、そう高くない山があります。土地の人は三才山《みさやま》と呼んでいます。地味な山だけれど、家の屋根の上から見れば立派な傾斜で太い尾根を下ろす存在感ある山です。冬枯れの落葉樹が縞模様になってサトイモのような印象の、幼少期から見覚えある山です。

ずっと子供のころから見慣れた山だけれど登山道もないようだし登った人の話も聞きません。この山の山頂で泊まってやろうと思い、テントを持って、麓の農家で水を汲ませてもらって適当な尾根から登り始めました。枝を払っていたおじさんに、山の上に行くなら、あっちの橋のたもとから踏み跡がある、と教わって、戻って登り返すと、それは送電線の保守点検の作業道でした。稜線まではその道を使いましたが、送電線と別れれば藪《やぶ》の中です。藪漕《こ》ぎとはこういうものか、とひたすら藪を漕いで山頂方向を目指しましたが、経験も足りず山頂までどのくらいかかるかの見込みもわからず、夕方疲れて腰を下ろしてうたた寝してしまいました。

この日は高校の文化祭の最終日で、校庭で大きな焚き火を囲んで歌ったり叫んだりする日でした。本当はそこに加わるのが真っ当な青春なのですが、そのときの私は、好きあっていたのにうまくいかなかった女の子のことか、他にもいろいろと若者なりの葛藤を抱えていて、この特別な夜は、一人山の上で過ごそうと決めていたのです。

目を覚ますとあたりが薄暗くなっていて、焦りました。急いで山頂に向かい息を切らして藪を漕ぎました。今さらですが藪の中で日が暮れていくことの気味悪さが増幅して山登りそのものの漠然とした怖ろしさのようなものを感じて慌てました。

不意に藪が開け、傾斜がなくなり、一面に青い花が咲く小さな草原に出ました。山頂でした。正面には日が落ちる間際の真っ赤になった北アルプスの山脈があり、手前に松本盆地の町灯りが、群青色の闇の中に宇宙船のように輝いていました。あまりの心の動揺に、ザックを降ろすのも忘れて花畑を右に行ったり、左に行ったり彷徨《さまよ》ったのを覚えています。夜は月光の花畑で灯りを消して夜更かししました。今ではもう忘れてしまったけれど、いろいろなことを思い浮かべていたはずです。

初めての藪漕ぎ、山での恐怖、自分の方法で登った誰も登らない道もない山、一面の青い花畑、生まれ育った盆地を見下ろす一夜。自由の実感。自分一人だけで、この山頂と特別な関係を結んだと思えました。誰も知らない自分だけの場所を見つけたとも。その後たくさんの山岳体験をしてきましたが、未熟だった自分がそれなりに努力して行き着いた体験として、二度と味わえない大切な山行の記憶です。この山行で高校時代や家族、生まれ育った町と別れる区切りをつけることができたのかもしれません。

第2章　登山計画の立て方

1　どの山に登るのか

高い山と低い山、岩の山と森の山

山にはいろんな山がありますが、大きく分けて二つあります。本州中央部で標高が二五〇〇ｍを越える山か、それ以下かです。北海道ならばその境は一五〇〇ｍくらいでしょうか。二五〇〇ｍには樹林限界の境があります。そこは背の高い木が生えなくなるほど厳しい気候であり、景色は良いのですが気温が低く、風が強く、岩場が多く、悪天になると危険です。高い山ですから冬には氷雪が輝き遠くの町からも見えるため古来名山とされてきました。京都から遠くへ歩き続けて初めて見える雪の高峰が白山《はくさん》（加賀）、立山（越中《えっちゅう》）、大山《だいせん》（伯耆《ほうき》）、御嶽山《おんたけさん》（美濃《みの》・信濃《しなの》）、それに富士山です。古来名山と言われ信仰を集めた山はどれも名前がシンプルです。今ではほとんどの名山は、先の二五〇

○mラインまで自動車道が通っています。
景色が良いから観光地なんですね。標高は高いけれど、車道終点から山頂までの行程は案外短いので、天気さえ良ければキツい山ではなくなっています。人気があって人が多い山は心理的にも安心でき、岩場には鎖や手すりなどが整備されているところもあり、かえって安心です。それでも、山は悪天になった時が最も危険であり、特に積雪期の登山では、二五〇〇m以上のエリアにどれだけ長く滞在しなければならないかが、山行の難易度を決めます。冬、樹林のないところで雲に覆われると白い闇になり手元の地図とコンパスしか見えなくなります。樹林帯に戻ると帰ってこられて良かった、と本当に安《あん》堵《ど》するものです。

このように高い山は自動車道路と整備された登山道のおかげで一見簡単に登れますが、天候によってはピンチになります。これに対して低い山は、天候が悪くてもたいてい安心ですが、道が整備されていない場合は、地図を読む力がないと道を失って行方不明になる事故が多いです。高い山は岩の山、低い山は森の山ということができます。高い山の下半分は実は低い森の山ですから、自動車道を使わず、下から全部登山道を登ると、

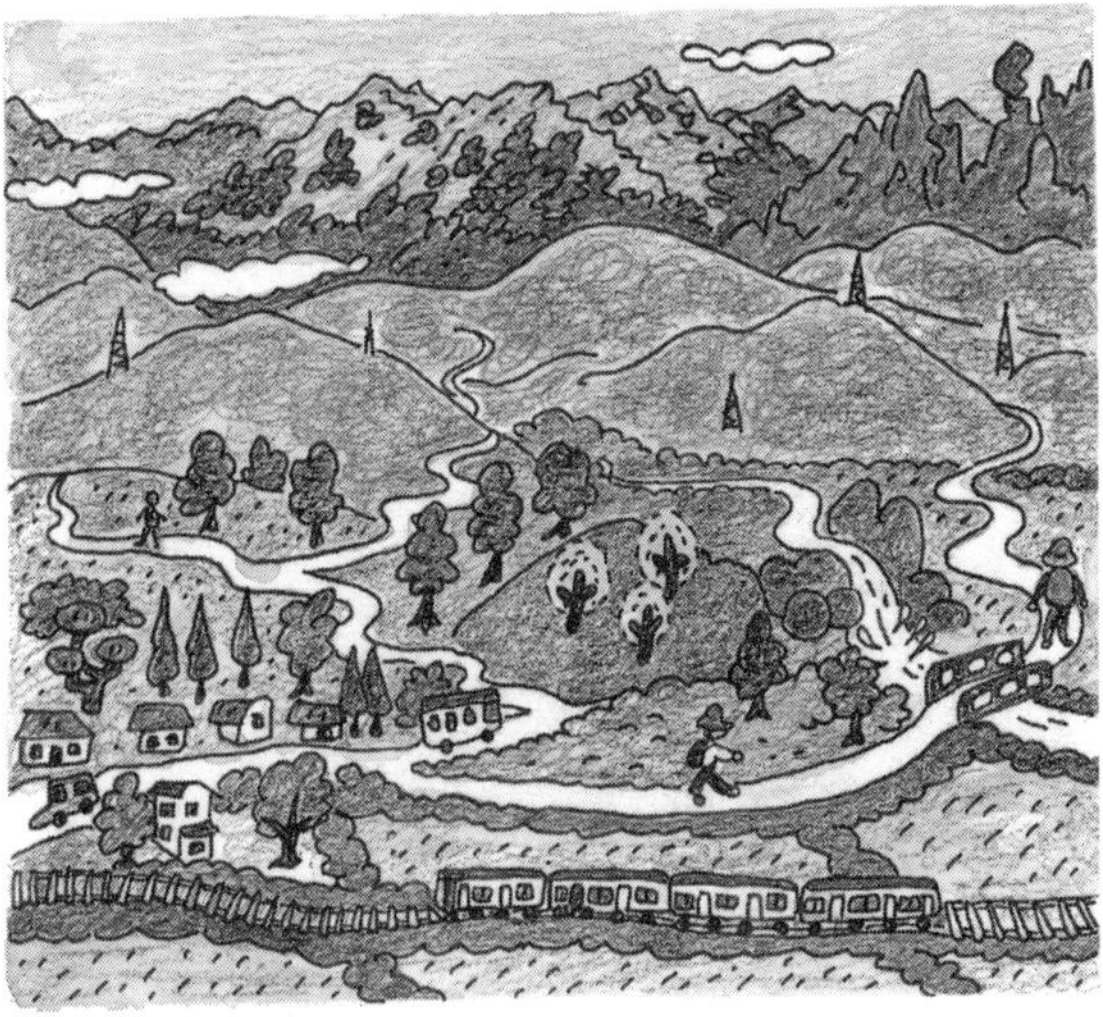

どの山に登るか。標高の高い岩の山か、それとも標高の低い森の山か。気候や天候を見ながら判断しよう。

山は尾根と谷でできている。

どちらの魅力も満喫できる手ごたえのあるフルコースになります。

山のしくみ・尾根と谷

どんな山でも、尾根と谷でできています。谷とは、山に降った雨水が流れて、地面をV字に削っていったところで底の小さな水の流れは沢。谷と沢はほぼ同じ意味で使われる。尾根は、谷によって残された出っ張りで、どちらも最高点から放射状に延びて平地になります。人が歩く道は尾根上で崖が出てきて危なくなると谷に逃げ、谷で滝が出てきて行き詰まると尾根に逃げ、一番楽なところを通っています。昔から多くの人が使って自然に決まったものです。

これに対し、車を通すための道はそういうこととはお構いなしに、傾斜が一定以上にならないよう、地形を壊してできています。

構造上、尾根は上に登るほど集合していき、谷は下るほど集合しますから、尾根登りと沢下りは迷いにくく、尾根を下るときと沢を登るときは次々に分岐があらわれるので道迷いしやすいです。これを基本として覚えてください。

尾根と沢の関係

尾根は登るほど集合していく。谷（沢）は下るほど集合する。尾根と谷（沢）の関係をしっかり覚えておこう！

森の山では、見通しが利かないので、自分が今どこにいるのかを真剣に地図を見ながら下らないと行方不明になります。岩の山でも霧に囲まれたら同じです。

計画の立て方

登ろうという山の地形図を見ます。国土地理院の発行する地形図は、今はネットでも簡単に見られます。http://maps.gsi.go.jp

地形図に破線で描いてあるのが登山道です。実線が未舗装林道、二本線が舗装自動車道です。二万五千分の一の地形図では、一センチが二五〇m、等高線一本の標高差が一〇mです。歩き始める高さと、山頂の高さの標高差を数えます。人は水平の道（車が通るほどの傾斜の道）なら、一時間に四キロ進み、登りの登山道では大体一時間に標高差三〇〇m登ります。下りはだいたいその三分の二の時間（四〇分）を見込みます。この数字を覚えてください。仮に標高差が九〇〇mあれば、登り三時間、下りが二時間。途中で休みを見込んで行動時間は六時間。朝六時に登り始めれば昼過ぎには下りてこられそうです。一日の目途は八時間以内が普通です。そして下山後に電話連絡する時間を決め、山行の簡単な地図とメンバーの名前を書いたメモを家族に渡してでかけます。このようにして時間計算をして計画を立てます。実際に歩いて、自分の登り方は遅めなのか速めなのか、そのペースで山頂まで行って明るいうちに帰れるのか、いろいろ経験して調整します。夏なら日没は遅い、冬なら早い。天気予報も見ておきます。二五〇〇m以上の山は、天気が悪いと危なくなります。考える材料はいろいろ変わります。

初めて山に登る人は、始めだけ速く登り過ぎます。駅の階段は三〇秒で済むけれど、山は何時間も登り続けるのです。意識してゆっくり登りましょう。苦しいな、と思ったらまずは速度を落とします。冗談みたいにゆっくりでも良いのです。止まらずに歩き続

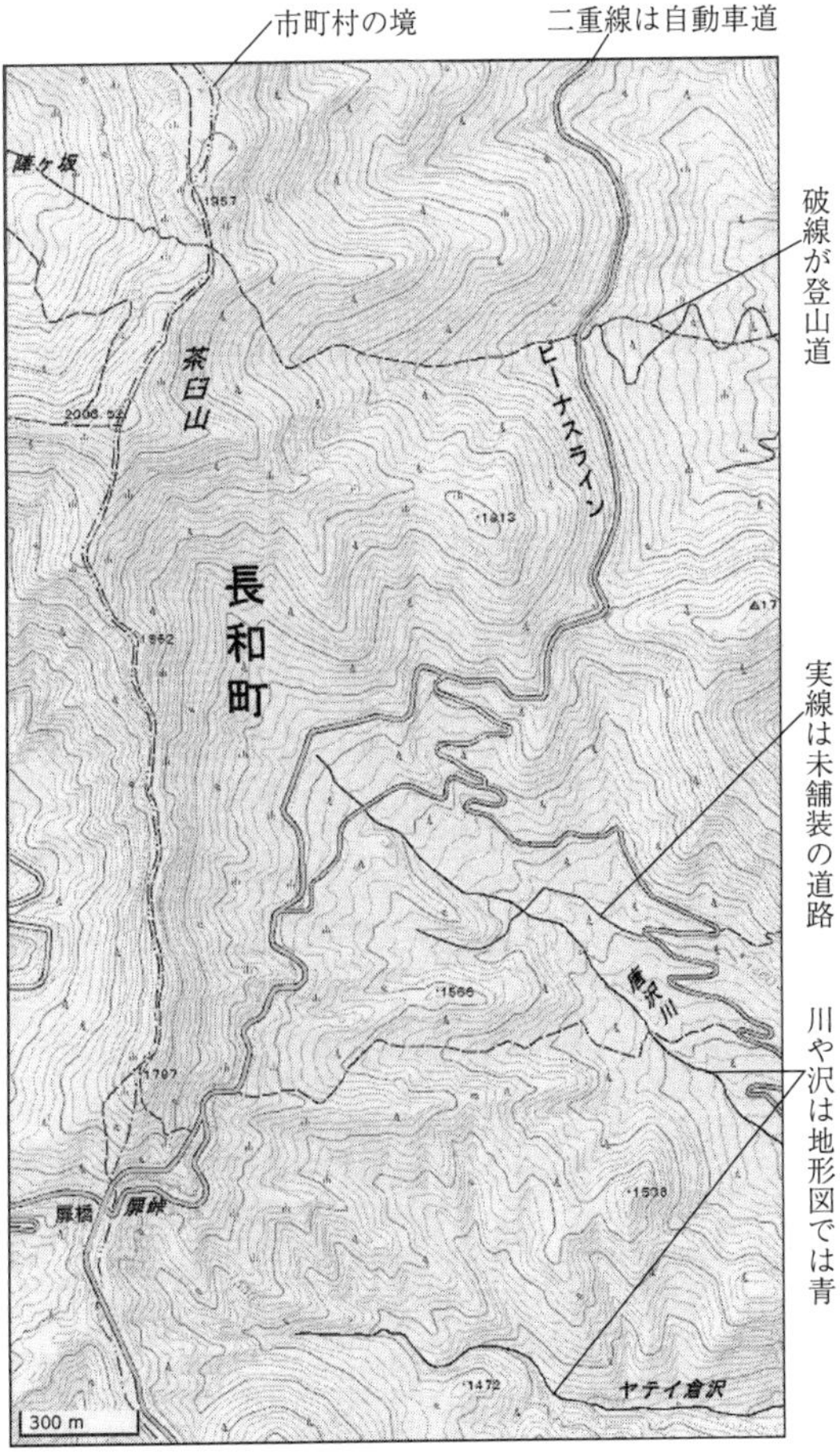

地形図
（国土地理院 web の地理院地図を使用）

けるとペースが見えてきます。休むのは一時間に一度くらい、五分以内にしましょう。水やおやつを少しだけ食べて、地図を見て今どこを歩いているか確認して、身体が冷えないうちにまた歩きます。

登りは厚着をせず、上着はザックにしまい、腰を下ろすときだけ寒かったら上着を着ましょう。同行者が速いと、無理をしてバテてしまいます。バテる、というのは、動けなくなるほど疲れきってしまうことです。本人も大変ですが、仲間全体も困ります。速い人は、遅い人にペースをあわせましょう。でもバテるのは初心者のうち、自分のペースがわからないうちです。

初めてのときは靴ずれもあります。足に違和感を感じたら、一〇分以内に荷物を降ろして腰を下ろして、靴下を脱いで、テーピングのテープを貼りましょう。我慢して皮がむけたりすると山登りが楽しくなくなってしまいます。

2　必要な支度

無雪期、日帰り山行の基本的な持ち物を紹介します。身につける衣類、防寒着（着た

必要な支度　無雪期は

日よけ帽子
ザック 30ℓほどのもの
速乾性の下着
速乾性のシャツ・ズボン
履き慣れた靴
ヘッドランプ
手袋
テーピングテープ
ツエルト パーティにひとつ
雨具上下
コンパス
地図
行動食 飲みもの
防寒着
ストック 夏・冬でバスケットを変えよう。

り脱いだりしやすい衣類）、非常用衣類、食べ物飲み物、その他があります。非常用というのは万一怪我をして動けなくなった場合を想定しての準備です。日帰りの山でもそこまで考えます。

【身につける衣類】

山は雨や汗で、とにかく濡れるところです。濡れてあたりまえと考えてすぐ乾く下着、シャツとズボンが必要です。乾きにくい木綿が入っていない素材を選びます。衣類は、高いものはキリがありませんが、初めは作業ズボンやジャージなど運動着で結構です。山の用品店、スポーツ用品店、作業服店などによいものがあります。暑い夏でも山の中では必ず長袖長ズボンで登ります。肌を出すと虫に刺されたり日にやけたり、すり傷を作ったりよいことはありません。山は結構涼しいものです。軍手など、薄い手袋も必要です。ザックは日帰りならば三〇ℓくらいあれば十分です。荷物は全てザックに入れます。手に持ったり、ザックからポリ袋をぶら下げたりはいけません。足首から小石が中に入りやすいのでそれを防ぐ工夫をしましょう。できれば足首まで覆われた軽登山靴があればよいのですが、履き慣れた運動靴でも十分だと思います。後で触れますが、私は、地下足袋が一番お気に入りです。日差しの強い山なら、日よけ帽子や手ぬぐいも必要です。

【防寒着（カッパ上下）】

雨のときはもちろんですが、カッパは重ね着をすることで防寒着として頼りになります。持っている服を全部着て、その一番上に着られる少し大きめのサイズが良いです。安いものは長時間たつと滲《にじ》みますが、雨のときはどのみち濡れますから一緒です。ザックの上のほうに入れておいて、いつでも出せるようにしておきます。

カッパは防水、防風の役割をします。防寒のときには次にあげる非常用衣類と合わせて使います。着たり脱いだりをくり返すので、脱いだときに荷物にならない薄いカッパが上着としては便利です。脱いだときにかさばる厚いジャケットは山では不向きです。私はヒマラヤでも厳冬期でも上着はカッパ一枚です。こうした重ね着をレイヤリングと言います。

【非常用衣類】

山で怪我をして歩けなくなったら、夜は夏でも寒くなりますから、重ね着用の防寒着を必ず持ちます。シャツとカッパ（上着）の間に着るウール素材の薄い一枚、タイツのようなもの一枚、それに毛の靴下。薄くてもよいからウールの帽子（目出帽）もあると凄《すご》く温かいです。素材はどれもウールに限ります。濡れたときの暖かさが全然違うからです。ダウンは濡れるとダメなので、あってもよいですが、必ずウールの衣類を持ちましょう。滅多に使わない非常用ですからどれも小さくなる薄いものが良いです。これ全部合わせて中サイズのかぼちゃくらいの大きさでしょうか。ザックの一番底に入れます。無事な山行なら出すことのない装備です。

【食べ物、飲み物】

ゆっくり休んでお弁当や山ご飯を煮炊きする、というのもいいのですが、一〇分以上休むと身体が冷えるので、私の場合は行動食といって小さな小袋入りの豆菓子や羊羹《ようかん》やチョコやドーナツなどを一時間に一度程度の五分休みで少しずつ補給します。甘いものだけでなく塩味の柿ピーナッツも欠かしません。出発前やお昼にはおにぎりを食べると元気が出ます。おにぎりは作るのも楽だし、弁当殻などのゴミもでないので良いです。水はペットボトルに一ℓは持ちます。暑い季節、水の汲めないルートではそれ以上の量が必要です。

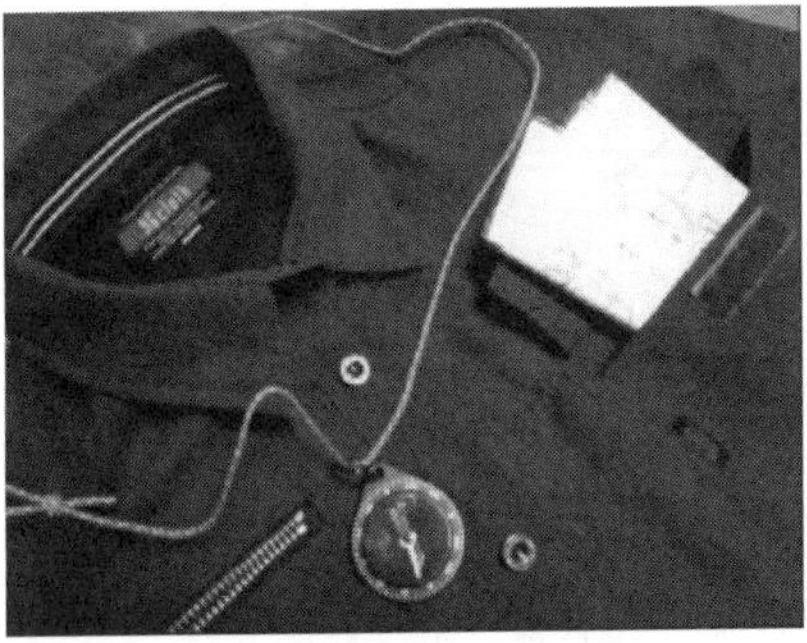

コンパスは首から下げる

【その他個人携行品】

国土地理院の地図とコンパス

どんなに易しそうな山でも必ず必要です。二万五千～五万分の一の地形図で、使う部分をＡ４かＡ３にカラーコピーして、透明シートに入れて（Ａ３なら二つ折りにして裏表が見られます）セロハンテープで止め、シャツのポケットやウェストポーチなど、すぐに取り出せるところにしまいます。コンパスは紐《ひも》をつけて首から下げます。どちらもザックにしまってはいけません。後で地図読みというところで詳しく触れます。

ヘッドランプや懐中電灯

日帰り計画でも怪我をすれば夜がきます。必ず持ちましょう。燃費の良いLEDでも、電池の残量は出発前に点検を。

携行品のうち、電話機や手帳、財布、ライターなど、濡れて困るものは、必ずポリ袋やジップロックに入れるなどします。山は濡れて当たり前の場所です。

幅五センチくらいのテーピングテープ

靴ずれ、股ずれになりかけのときの防止処置、応急処置に必ず活躍します。ザックや靴が破損した際の応急修理にも便利です。骨折、捻挫の固定、大きな切り傷の止血にも包帯代わりに使え、松葉杖や担架や背負子を、枝などを使って作ることもできます。

積雪期

泊まりや冬山の場合はこのように少し荷物が多くなります。

ツェルト（簡易テント）

簡易テントを非常用に一つ持つのをお勧めします。ポールはなく、張り紐が付いていて、立ち木の幹や枝を利用して建てる三角の簡易テントです。二、三人用でも非常の時にあるととても助かります。冬でも、樹林帯ならこれで泊まれます。牛乳パック一ℓくらいの大きさです。パーティーに一つ。ザックの一番底に入れます。

以上の基本に加えて、泊まりの山行ならば寝袋や炊事道具や日数分の食糧が加わり、冬ならば山スキーやアイゼンやピッケルなど雪の中を進む道具が加わり、沢登りや岩登りルートならザイルや登攀《とうはん》道具やハーネスなどがどんどん追加されていきます。

基本にあげた山道具で、家にないのはツェルトくらいで、あとはたいてい既に持っていませんか？

3　初めての登山

初めて登る季節

山は四季それぞれに美しい魅力があります。春、山が新緑で黄緑色になるころの低山は小さな花や若葉が芽吹いて、良い匂いもします。山歩きの一番楽しい季節です。夏は、高い山の雪もようやく少なくなる季節です。花々の開花は、標高の低い所から徐々に上昇していきます。樹林限界を超えるのは七月の上旬あたりからです。高い山にはこれに合わせて登るとよいでしょう。雪が残っている場所は、滑ったり、雪が道を隠してわかりにくくしたりするので、初心者は雪解けのラインの後を追いかけて高い山に登るといいと思います。

雪が積もっているかどうかで歩行技術が全然違います。スキー場で圧雪していないところに入れば、スキーなしではどこまでも潜り、とても歩けないですね。こういう山では山スキーやスノーシューを使います。山で使うスキーはゲレンデ用と違うものです。また、夏まで残るような硬い雪は滑りやすいので、アイゼン（クランポン）やピッケルが必要です。山に雪があるかないかは、季節と地域と標高によって全然違います。これはよく調べてください。しかし、いつかは深い雪の中を登っていく体力と技術を身につけて、美しく厳しい冬山にも向かってもらいたいです。

冬でも、山によって、地域によって、高さによっては雪が積もらない山もあります。

落葉樹の葉がすっかり落ちて展望もあり、遠望の白い山々も見渡せて、気持ちの良いものです。雪山に登る技術がなくても、東京近郊や太平洋側の地域には、冬でも雪の積もらない山はたくさんあります。

登山技術は必要？

山登りを始める人にとって大切なのは、日帰りの一日山行を、自分の手持ちの能力でやりとげて、無事に帰ることです。そのために必要な体力と時間のペース配分を知るには、やはり自分で計画して歩いてみるのが一番です。まずは馴染みある近所の山に狙いを定めて、いま手持ちの自分の力量でやりとげてみることではないでしょうか。無責任なようですみませんが、山登りは自由であって、その自由をたった一人で心から感じるのが大切だと思います。

そうはいっても最低限必要な体力ですが、町で三〇分くらい歩きまわっても疲れないくらいであれば、ひとまず日帰りの山に出かけてみても良いのではないでしょうか。性格にもよるのでしょうが講習会に参加したり、慣れた人に連れて行ってもらったり、と誰かに頼る前に、まず一回目は自分自身で自由に判断できる単独行で始めるのが良いと思います。

山登りを続けて行き、クライミングや、道が整備されていない山歩きや長期のハイキングをするとなれば、習得すべき具体的な技術はいろいろあります。それは本ではなく、人からしか教われないものだと思います。大学の山岳部に入部したり、山岳会に入ったりするのが一番確かな方法だと思います。しかし近年、それらの受け皿は、実力ある先輩の層が薄くなってきています。今は各地の山岳連盟（山岳会の都道府県単位の集まり）や労山（やはり山岳会の集まり）や登山用品店などが主催するガイド講習会などもあります。でもそれはまだ先の話です。

登山計画書について

ひとまず町から見えるなじみ深い山を一回り歩いてみよう。そんなお試しの山でも、手を抜かずに作ってほしいのはA４用紙一枚にまとめた、登山計画書です。登山計画書は登山者と社会とをつなぐ命綱、信頼の絆です。もしも山中で行方不明になったとき、本人はもちろん残った人が困らないように書くものです。必要な内容は、①山の名前、登山口の市町村名、②予定ルートを簡単な地図入りで、③上りや下りの大体の予定時間、④メンバーの姓名と生年月日、住所や電話番号、それから事故の際に連絡をする家族の電話番号、⑤その他大体の装備、⑥食糧、⑦最終下山日と連絡時刻、⑧行き帰りのバス時刻や鉄道時刻など（図を参照のこと）。

書くときの注意点は……。

①計画書は、山のことを何も知らない人（家族や警察官など）が見てもわかるよう、登山口のある都道府県市町村名を書きます。

②予定外で使う可能性のあるルートをエスケープルートと言います。それも区別して書き込みましょう

③細かくなくて結構です。本人が覚えられる大まかな数字で十分です。何時間かかるかは、先に書いた一時間で標高差三〇〇m登るという目途で地形図を見て計算してください。

④SNSで知り合った、あだ名しか知らない人と登るときでも、ちゃんと聞いて書き込

[山行計画書]《甲府北山》愛宕山～兜山　(山行種別：無雪期ピークハント／縦走, エリア：甲信越)

2016年03月12日(日帰り)

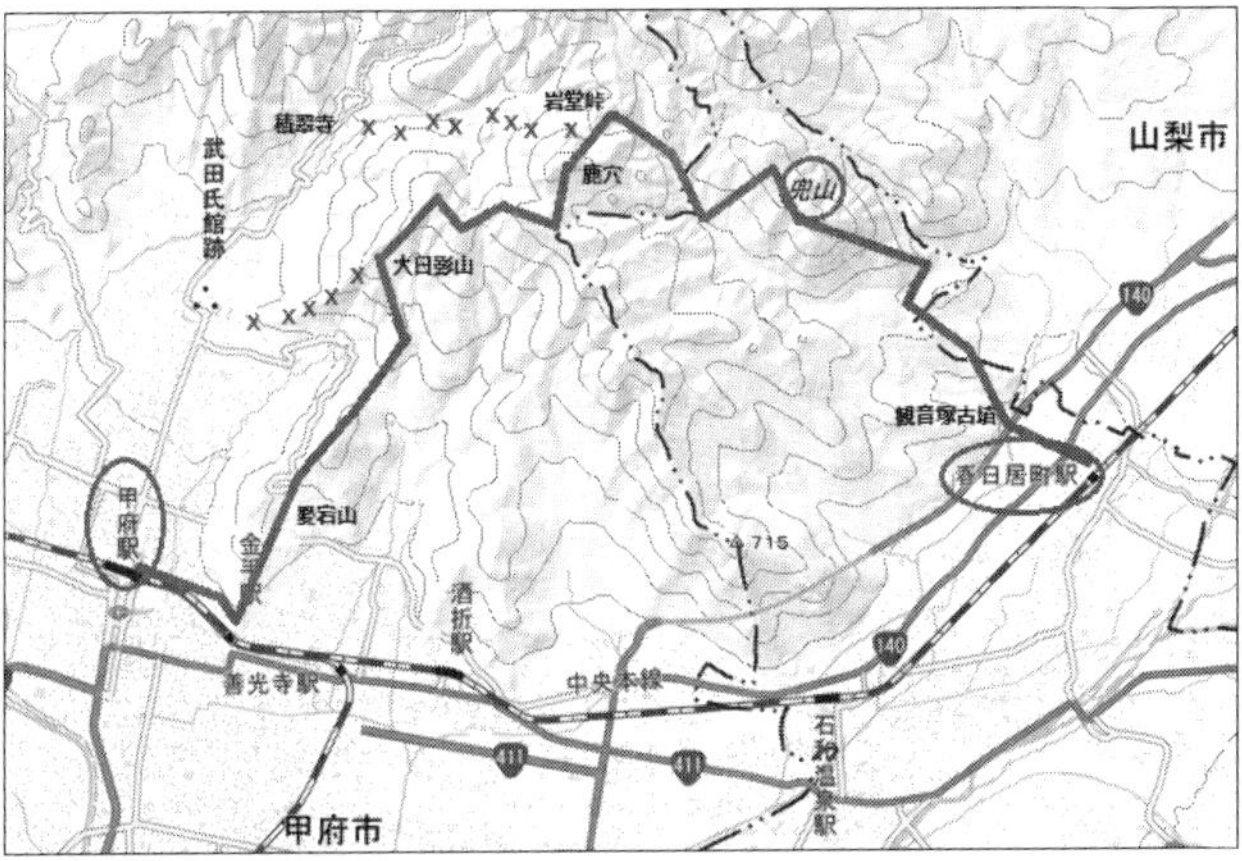

集合場所・時間	山梨県甲府市　JR甲府駅7時
行動予定	甲府駅前(3.5h)鹿穴(1h)岩堂峠(1h) 兜山(1h)観音塚古墳(1h)春日居駅(16 時)
緊急時の対応・ルート	エスケープルートは ①大日影山から武田神社へ(1h)②岩堂峠から積水寺へ(1h)
食事	行動食一日分、非常食多少

氏名／役割	生年月日／血液型	住所	携帯電話／緊急連絡先	山岳保険
米山悟	++++	甲府市++++++	++++++++	++++++
	++		++++++(妻)	

個人装備品	地下足袋＋脚絆, 弁当, 水筒, 軍手, ヘドランプ, 地図磁石, 非常用防寒具, カッパ, 焚き火セット, ノコギリ
共同装備品	ツエルト, スリング6mm×10m

This page is generated by Yamareco. – http://www.yamareco.com/

登山計画書には決められた形式はないが、インターネットで各種用紙がダウンロードできる。これはヤマレコで作ったもの。(地図は国土地理院 web の地理院地図を使用)

提出するのは山域の警察署。日本山岳協会 HP に連絡先の一覧がある。

http://www.jma-sangaku.or.jp/tozan/

んで家族に残します。

⑤捜索する人が知りたいのは遭難者が夜を過ごす手立てはあるか、ロープなどは持っているかなどです。なので、基本装備の中では、ツェルトの有無と防寒具は明記します。その他ではロープやストーブなどがあれば書き、季節の変わり目ならトレッキングシューズなのか運動靴なのか、軽アイゼンや滑り止めのある靴裏なのかも記しておきます。

⑥簡単に何日分と書いておきます。

⑦この時間までに電話連絡がなければ心配してくださいというタイムリミットです。いきなり警察に連絡されるのも大ごとになるので弱りますが、必ず決めます。これに間に合わないかどうか、山の上で携帯電話の電波が通じそうな高いところにいるうちに判断し、もし遅れそうなら、何時間遅くなるとか、連絡をしてください。携帯電話は、人里が見えている高いところでは通じます。下りてしまうと林道や谷の中では通じません。もしもこの締め切り時間に遅れたら、計画には無理があったと反省します。

⑧これは自分のメモ代わりです。

また、ヤマレコ（http://www.yamareco.com/）という山行記録を書くSNSサイトには、計画書を作る便利な機能があります。私は毎回これで作成しています。等高線入りの地形図の、どこをどう歩くか、地形図の上に赤い線を引いて、自分の計画ルートを簡単に美しく描くことができ、大変便利です。

メンバーの個人情報欄はネット上では表示されず、参加者だけが印刷時のみ表記できます。前述の項目も簡単に記入でき、そのまま警察署や家族に送ることもできます。是非試してみてください。初めて登山をする一見簡単そうな山でも作ってみてください。どんな人でも家族が山に行くとなると心配するものです。計画書を渡しておけば、万が一夜になっても帰らないとき、誰かに捜索を頼むとき手がかりになります。不備があれば探してくれる人にも失礼です。一番困るのが、どこの山に行ったのかわからないというものですが、警察にはそういう連絡が結構多いのだそうです。

計画書はその山域（県をまたぐなら登山口）の警察署にファックスやメールで送りますが、私は、家族に渡すのが一番大切だと思います。帰れないけど電話は通じるとなったら、まず家族に電話するので、そうしたら家族が、警察にファックスしてくれるからです。

山では何を食べる？

山の昼食は行動食です。山では、朝と晩は寝床で料理しますが、昼は火を焚いて温かいものを調理する時間を省くことが多いです。中には昼の宴会を楽しむパーティーもありますが、そのために一時間以上を費やすよりも、崩れ始めた天気と競争の行動になることもあるし、下りの行程にも余裕を残したいものです。山では時間を縮めたいところは縮めたいわけです。危険を避ける手段の一つとして、「さっさとメシを済ませる技術」と言えます。

何を選ぶかというと、そのまま食べられて、小分けされていて、食べると元気が出て、消化に良くていつでもやめられる食べ物です。人それぞれ工夫していますから山で人の食べ物を見てみてください。日帰りなら大福やおにぎりや菓子パンもいいですが、長期山行となると、日数分の袋に分けて行きます。ピーナッツ、一包みずつのチョコレート、

行動食はちょこちょこ食べられるように工夫する。

飴《あめ》、ドライフルーツ、小分け包装の羊羹、アスパラガスビスケット、オールレーズン、チーズかまぼこなどが定番です。小分け包装は便利なのですがゴミがたまるし、風で飛んだりして厄介な面もあります。

一時間に一回五分くらい、背中の荷物を降ろし休みます。そのときちょっと食べます。仲間が靴ずれみたいだと言って靴を脱いでテーピングしているとき、ちょっと食べます。クライミングのルートで、ロープを出して先頭が登りだしたら、残りの人は上を見上げながらちょっと食べます。こんな感じで隙さえあればちょっと食べているので、あらたまって昼食時間を設けません。これが行動食です。

いろんな種類のお菓子一日分をポリ袋に入れてザックの天蓋《あまぶた》のポケットに入れておきます。すぐ取り出せるところです。私は広い口（三センチほど）のペットボトルに、柿ピーナッツやナッツ各種を入れたものを用意します。これは冬季でも、厚い手袋をはずさずにふたを開けて食べられて大変便利です。ラップに包んだ自作のおにぎりは、すぐに元気が出るし、食べかけでもしまえるのですが、冬は凍るので、不向きです。チョコレートは夏、とけてしまうので、持参するなら練乳タイプのチューブ入りがお勧めです。逆に冬は硬くて出てきません。

朝晩に加熱調理する際は、簡単なものはラーメンや粉スープから、一泊程度で多少重くてもよければレトルト食品や冷凍食品まで、日本には山用でもないのに便利な即席食品がいくらでもあります。外国人が驚いています。楽しんで工夫しましょう。最近はラーメンよりも短時間（一分）で火が通るサラダ用スパゲティーがスーパーで普通に売られています。

大学山岳部時代（一九八〇年代）は長期山行が多かったため、値段の高いアルファ米（短時間で炊けるように加熱済みの乾燥米）やレトルト食品との縁はなく、生米を茹でて雑炊にしました（量が多いし低額にしたかった）。雑炊は、共同の大鍋一つ、食器も各自ひとつで済み、味付けも楽で失敗なし、盛り付けも簡単です。大量に食べるのにも便利なので晩の定番でした。一番人気はカレー雑炊でした。長期山行する貧乏学生がテキパキ準備でき、ヒマラヤでも通用する、よく考えられたやり方だったと思います。今も山岳部の現役学生はそのまま変わらずやっていると聞きます。

標高二〇〇〇mまでの北海道では問題ありませんでしたが、三〇〇〇mで泊まる本州中央部では、あまりおいしくご飯が炊けません。が、雑炊なら、時間をかければなんとか柔らかくなります。冬の富士山頂でも作りました。アルファ米だって、さっとできるけどあまりおいしくないので似たようなものです。

最近は、おじさんになったので粉末の各種スープ（カレーとか麻婆豆腐とかカニ玉スープとかトムヤムクンとか）にお餅を入れたものが多いです。食前に濃い酒を少し飲みながらちょっとしたハムやチーズなどつまんだ後なので、そんなにたくさん食べられません。山では、水分補給が大切なこともあって汁っぽいものを作ります。お茶もほしいだけ飲みます。

酒の話が出たので触れます。普段の飲み方からして人によっていろいろとは思いますが、ちょっと気持ちがよくなったらやめるくらいが山ではちょうどいいと思います。特に、朝夕の絶景を見渡せる高いところに泊まるときは少しだけ気持ちよくなったくらいがちょうど良いです。学生時代の日高山脈での冬期山行で、何日も続いた吹雪が止んだ夕方、山頂に作ったイグルーから出て、紅に染まった雪の山脈を眺めながら貴重なウイスキーを少しずつ回し飲みしたほろ酔いの時間は、とても素晴らしい思い出です。酒は重いし、判断力を数時間鈍らせますから、浴びるほど飲みたいなら、登山口周辺までにしておいたほうが良いと思います。

4　山の危険について

山にはもちろん危険があります。どんなベテランもそれに応じたレベルで死ぬことがあります。絶対安全な登山はありません。でも私は、車の運転のほうが危険度が高く、なす術なくトラブルにあう確率が高いと思っています。そして人の命がいつかどこかで終わるものである以上、山で死ぬこともそう特殊なことではないと思っています。

道迷いにはＧＰＳ、雪崩にはビーコン（埋没者捜索用の電波送受信機）、クマにはスプレーなど、致命的な失敗を何とかしてくれそうな新兵器はありますが、便利な道具というのはどれも扱いに慣れなければ使いこなせないばかりか、かえって危ないこともあります。

山での危険に応じる方法は、よく観察し、心を落ち着かせて、判断することに尽きます。車の運転と違って、予測不能であったり瞬時の判断が迫られたりする場面はそれほどありません。

まずはトラブルの予感を磨き、異変を見逃さず、数分かけてもいいから慌てず立ち止まって考えることでしょう。引き返せなくなる最後のポイントを過ぎないよう、常に手を打ち、考えるのが大切です。

そして、何より体力です。体力の弱い人や衰弱した人は、その粘りの対処ができなくなるのです。初級者と高齢者の遭難で多い道迷いと滑落も、結局はその予兆を見抜けず、注意する、あるいは修正する判断力をなくすほど体力が尽きていることが多いです。雪崩も落石もクマも突然の災難のようですが、必ず予兆があるはずです。

山の危険は、風邪をひくときに似ています。風邪の元（ウイルス）はどこにでもあって、万人に平等に接しています。口にも入るし、喉にもくっついている。それを完全に防ぐのは、少なくともマスクくらいではできません。風邪にかかる人は、喉や体の免疫機能が弱っている人です。十分な体力を持つ人は、その危険なウィルスを体表から中へ通さないのです。

危険なように見えて危険ではないことと、本当に危険なこととがあります。岩登りを知らない人が見れば、垂直の岩壁を登る行為は「危険」に見えますが、それなりの手順を身につけてそれなりの逃げ道、帰り道を確保して行うのですから、それは危険ではありません。初心者の時には怖い思いをしても、そのうち大した事ではなくなる場合はとても多いのです。それは確実な技術と経験を積み重ねて得られるもので、これも山登りの大きな魅力の一つです。経験者というのは、「危険なように見えて危険ではないこと」と、「本当に危険なこと」の区別がつくようになった人ではないでしょうか。ですから、少しだけ経験者になったときが、時期としては一番危ないときかもしれません。

こうしたことは、経験ある先輩、指導者と登って知り、いつかは自立できるように、学ばなければなりません。いつまでも判断を人に任せて登っていては、難しいルートを登ったとしても、本当の山の喜びは知り得ません。

また、危険に対する想像力をつけるには過去の遭難記録を読むのをお勧めします。遭難事故の報道では、初めは情報が多くありませんしマスコミからは取材しやすい周囲の影響ばかりが伝えられます。断片的な内容だけを見てあれこれ批判する人も多いのですが、本当のことは、当事者の報告書を読むか、時間をかけて取材した記事を読まなければわからないものです。そうした、過去に先人が残してくれた遭難記録を読むのも、危険に対する経験を積むための確かな方法です。

第3章　登山に必要な技術

1　山歩きを楽しもう

山の歩き方

あらためて山の歩き方を書く、というのも私自身考えてしまいますが書いてみます。

登りで大切なのは、体のエンジン部分、心肺機能との単純な相談で、息が苦しく、汗がすごく出るようなら速度を落とす、これだけです。何度も書きますが、山では、疲れすぎないことが一番大切です。注意力がなくなるほど疲れ切ってしまったら、その時点で危険登山です。どうしても辛かったら、登る速さが速すぎるのです。速度を落として小またの歩幅で、冗談みたいにゆっくり歩けば、小一時間くらいは歩き続けられます。もしそれもできないならば荷物が重すぎるということです。

下りは、登りよりも注意が必要です。

転落、転倒を防ぐには、四本ある人の手足のなるべく多くが地面や立木をつかんでいれば防げます。しかし下りのときは、登りに比べて両手が地面から遠いのです。岩場、クサリ場、梯子、丸木橋のような、誰にでもわかりやすい危険箇所は足だけでなく手も使います。落ちたら危険な場所なのにつかむものが少ないからクサリがつけてあるのです。クライミングの基本動作で四本のうち三つはつかんでおく動き方を、三点支持と言います。片方の手がつかめるものを探し当てるまで残り三つを動かさない、片足が安心な足場を探すまで他の三つを動かさない、慎重な移動方法です。万が一落ちたら怪我をしそうなところでは、この三点支持で通過します。下りでは両手が地面から遠いので、危ういところは後ろ向きになり（壁の方を向き）、登りと同じ向きになって下りると三点支持がやりやすくなります（六一頁を参考に）。

足を置いた岩が脆《もろ》くて崩れる、つかんだ木が朽ちていて折れるということもあります。体重をかける前に、一つ一つ力を加えて確かめます。段取りは抜かず、慣れれば早くできるようになります。三点支持のような動き方は、不要なところもあります。必要なところで切り替えます。手順を踏めば転落はしないはずです。その切り替えができるかどうかが大事であって、結局はその集中力が切れたときが、事故を起こすときなのです。

下りのもう一つの注意点は、普段は使わないので膝の上の筋肉が、とても筋肉痛になりやすいことです。山を下りたらすぐにその部分を伸ばすストレッチをお勧めします。これで翌日の痛みがずいぶん違います。また、下りの助けに、ストックを使うと転倒防止にもなり、膝もずいぶん楽です。ストックは買ってもよいのですが、電車などでは邪魔ですし、うっかり置き忘れるのが多いものです。そして岩場の三点支持でも邪魔になります。私は一メートルほどの木の棒の杖を山中で拾って使います。折れなくて軽いものは、慣れればすぐ見つけられるようになります。これならうっかり忘れても平気です。登山口にはよく見ると用済みの杖が立てかけてあることも多いです。下山したらそこに置いていきます。次の人が使うかもしれません。

ものの詰め方にもコツがいる

パッキングとも言います。パッキングの場所には使う頻度により三段階あります。①シャツのポケット、②ザックの天蓋《あまぶた》、③ザックの本体です。

三点支持の下り。①〜③の三点を固定し、次の場所が安全かどうか確かめながら下りる。

①　ザックを下ろさなくても歩行中に立ち止まって使うものはシャツの胸ポケットです。コンパスはペンダントみたいに首から下げます。それから地形図、ポケットカメラです。ジャケット（この本では防寒着としてカッパ）のポケットは、暑くて脱いだり寒くて着たりがありますから、あまりものを入れられません。うっかりポケットに入れると使いたいときには、ザックの中だったりします。最近の山用シャツはピタッとして胸ポケットがないものが多いです。その場合はウェストポーチや、サコシュというタスキがけの小さいもの入れなどがいるかもしれません。私は大きなポケットのついた速乾素材の作業服シャツがお気に入りです。写真はチャンスが八割ですから、カメラをすぐ出せないと撮れません。カメラには紐《ひも》をつけてシャツなり、コンパスの紐なりと繋《つな》いでおきます。山では、いつカメラを谷底に落としてしまうかわからないからです。

②　ザックの天蓋ポケットには、行動食、水、テーピングテープやナイフ、手袋予備などを入れます。ザックを下ろして腰を下ろしたとき、ザックの本体を開けなくても取り出せる小さなものです。軍手など、脱いだとき無意識にその辺に置くと、忘れて失くすことが多いです。脱いだら、腰のポケットに入れる、と自分で決めておくと、その度に

探さなくて済みます。

③　ザック本体の詰め方は、下の方に夜まで出し入れしない泊まり用装備の寝袋やツェルトや非常用防寒具、上の方には食糧や燃料など重いものを入れます。ただし冬は、ひと休みするのにツェルトをかぶることもあるので上の方に入れます。ザックというものは、下に軽いもの、上に重いものを入れると、軽くなります。重心が、人の重心（へ

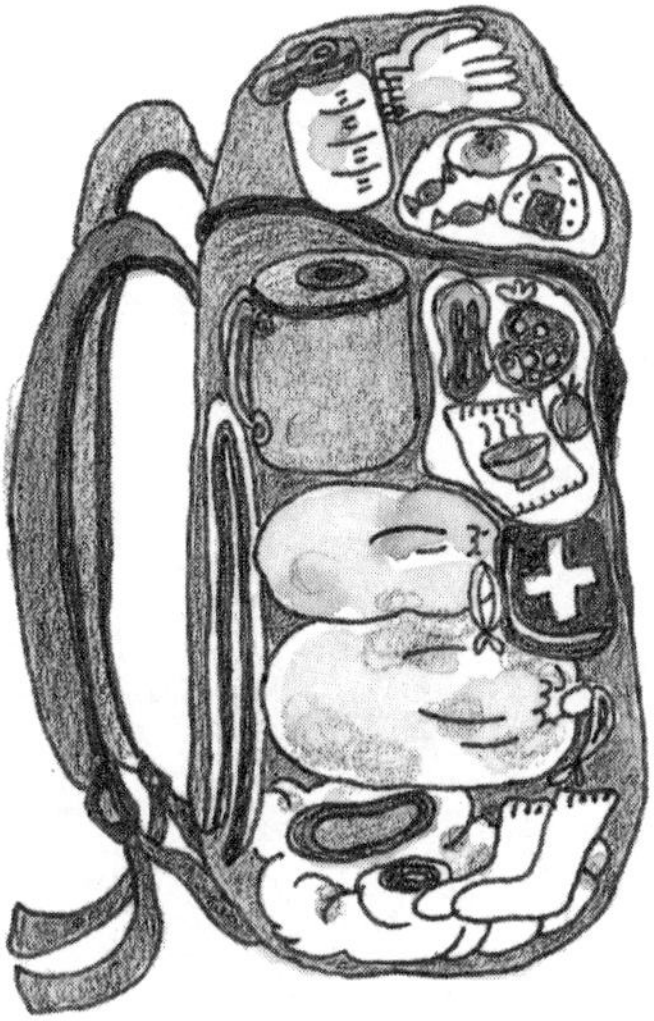

ザックの天蓋には腰を下ろしてすぐに使えるもの。ザック本体は下に軽いもの、上に食糧や燃料など重いものを入れる。

そ）の後ろ（水平方向）ではなく、上（垂直方向）になるから楽なのです。重いものは、本当は頭の真上か、首の後ろ辺りに載せるのが一番楽です。ザックの上の方に重いものを入れるのは、それに近づけることになります。

ザックを下ろして休む時、ザックの下の方に腰を下ろすといいです。そのあたりは寝袋やツェルトなど、柔らかくて、壊れにくいものが入っているはずなので。転んで尻餅をつくときも、ザックのその辺で着地すると、腰を打ちません。

それから、ザックの外側に小物をつり下げたり、袋をぶら下げたりするのはやめましょう。何度も山に登ればわかりますが、ひっかかったり落としたり、良いことは一つもありません。第一、素人くさくて格好悪いと思います。ちゃんと詰めれば中に入るものばかりです。外につけるのは長くて中には入らないピッケルとスキーだけです。それも山の中だけで、駅や街中でザックにピッケルをつけたまま歩くのは周りの人が怖がるので手に持って歩きましょう。

地図読み術は山歩きを楽しくする

地形図の読み方、コンパスの使い方をとても簡単に説明します。ただし、これを読んだからすぐできるようにはなりません。実際に自分で、山でどれだけ見て考えたかで地図読み力はつきます。登山道を標識に従って進んでも山は登れますが、地図が読めると、

1　ガイドブックではなく自分で登りたい山の計画を作れるようになります。

2　誰かほかの人についていくのではなく、自分がどこを歩いているかわかるようになります。

3　救助隊のお世話にならず、自分の力でどのくらいの目途で帰ってこられるのかわかるようになります。

地図読みは、自立した登山家になるために必要な技術です。自立した登山こそ、登山で感じる大きな喜びの一つです。雪山や道のない山や沢登りの場合、初めから道はないので道に迷うとは言いません。道のない山は地図を読んでこそ進むことができます。道迷いで遭難する人は道歩きしかできない人です。そして、地図を読めなければ、道があっても迷ってしまうことがあります。

地図は、等高線で尾根と谷を描いています。地形図の上（書いてある文字で上下を見ま

す）が北なので、拡げたらその上にコンパスを置き、赤い針がさした方が上になるように地図を回します。あたりを見渡して、見える風景の情報と、地形図上の推定位置との整合性をとっていきます。「今自分がいるのは、地形図上で、多分ここだと思う」という証拠を集めます。これが地図読みです。

とにかく頻繁に確認しますから地図とコンパスは出しやすいところに入れておくのが何より大事です。コンパスは首から下げます。

国土地理院発行の五万分の一地形図か二万五千分の一地形図の必要な部分をＡ４にカラーコピーします。山では雨、汗、それに沢登りの場合は滝壺を泳いで突破することもありますから必ず濡れます。カラーコピーは濡れると滲《にじ》んで消えるので防水が大切です。私のお勧めは、クリアパックと呼ばれる透明なシール付きシートです。よく街頭や郵便で配られるパンフレットが入っているツルツルの透明袋です。穴も開かず、折り曲げても擦っても透明なままです。範囲が広くＡ３にコピーした場合は、二つ折りにしてＡ４シートに入れ裏表で見ます。封筒のように折り返しがついていて粘着シールがついていますが折り返しの脇にはシールがないので沢登りならセロハンテープで更にその隙間を閉じます。

クリアパック地図は、四つ折りにしてシャツの胸ポケットに入れておきます。滝壺で泳ぐときには浮いて流れてしまうこともあるので注意します。

地形図は国土地理院やヤマレコの地図印刷機能を使って範囲指定して印刷すると、二万五千分の一とは限らない縮尺になることもあります。一cm何kmなのか一km何cmなのか地図の端に直線の目盛りを書きこんでおきます。

前にもふれましたが、標高差三〇〇mは登りで一時間、下りなら登りの時間の三分の二くらいの四〇分を見込みます。

これを尺度にだいたいの計画が立てられますし「もう一時間休まず登ったから、さっきのところから三〇〇m高くなった」と地図読み判断材料の一つにもなります。

傾斜がなければ一時間に四km進みます。五万分の一地形図なら林道歩き一cm五〇〇m、だから八cmが一時間です。下山はしたけど電話連絡の通じる人里までは、林道歩きが一六cm、というような場合、二時間見込んで計画を作ります。

初めにも触れましたが、地図読みは、沢は下りが楽で登りが難、尾根は下りが難で登りが楽です。尾根は上から下に向かって別れて行くので、下山のときに分かれ道が増え、まちがえやすくなります。逆に沢は登るにつれ二股が現れ選択肢を迫られるから登りの方が間違えやすいです。道はたいてい尾根上についていますから、下山の尾根は迷いやすいと見て、気をつけてかかりましょう。下りの尾根道こそ、地形図を見て、一つ一つ確認します。

移動しながら答え合わせ

地図読みは最後に確認した確かな場所（例えば山頂とか尾根の分岐とか）からどの位、どちらの方向に離れたかの情報を積み重ねて現在位置を推定するものです。その過程をぬきにして道に迷ってから初めて地図を拡げても、何もわかりません。頻繁に位置確認をするのは、そのためです。

道のない雪山で、しかも樹林で地形も十分に見渡せないところで地図を見ながら進んでいるときなどは、現在地が常にＧＰＳのように鮮明なわけではありません。実際には移動してきたその変化で、現在地がだいたいわかるということも少なくありません。

明確にわからないからと立ち止まって考えていると、時間がどんどん経ってしまいます。何か意味のある地形のように思えても、その後に出てきた地形のほうが本命だったりして、わずか数十メートル移動することによって、あっているのか間違っているのかの情報が集まることも多いので、多少現在位置不明になってもあせらず移動するのもコツです。こうした慣れも必要です。実際自分で、山でどれだけ見て考えたかで地図読み力はつきます。

地図読みの達人といっても連続的に現在地がわかっているわけではありません。以下のわかりやすいポイントで答え合わせをしながら前進します。もちろん間違っていたら（違うという証拠を見つけたら）確かなところまで戻るのです。

地図読みを助けるわかりやすいポイント

以下は現在地を確定する有力なヒントです。

①登りや下りが変わるところ……登りルートなのに一時的に下るところ、またはその逆。

これはホワイトアウト（雪山で木も岩もない場所で濃い霧になり、前を歩く人も見えないくらいの白い闇）でも密林帯（周りの地形が一切見えない、地形でわかるのは足元の傾斜方向だけ）でもわかりやすいサインです。地形図の中で明確にわかります。

②傾斜が変わるところ……登りだけど急にきつくなる、急に平らになるなど、これもわかりやすいヒントです。

③尾根の太さが変わるところ、分岐するところ……急に細くなったり広くなったりしたら地図で確認答え合わせできます。その方向も重要な情報です。

④沢の二股……水があってもなくても二つの流れが一つになるところは地形図の中で場所が絞られます。その方向も磁石で確かめ、仮説を裏付けたり裏切られたりする材料になります。

⑤景色が開けるところ……樹林帯の中で崩壊地や伐採地で遠くの景色が見えたら、またホワイトアウトでもじっと目を凝らして見ていると五分に一回くらいは視界が一瞬利くことがあります。こういうときに地形と、遠くの尾根などにある顕著な地形や人造物とその方角をコンパスで見て答え合わせします。

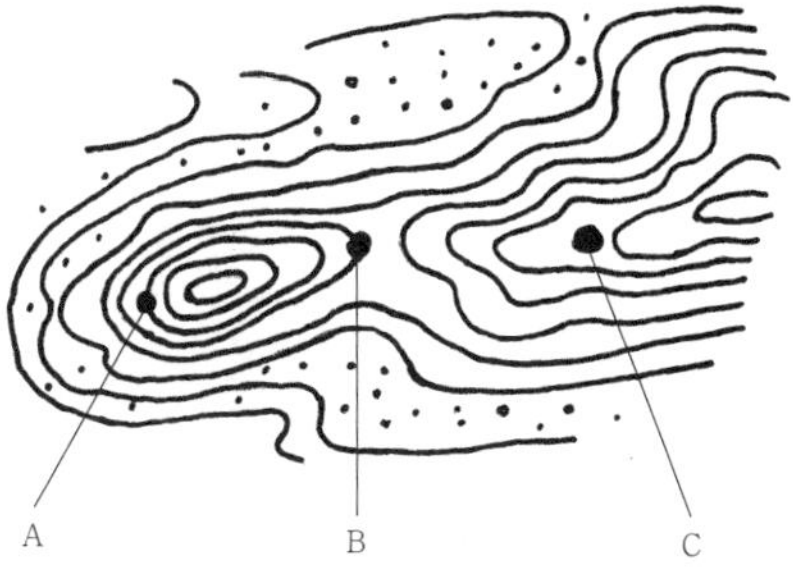

等高線の狭いところは勾配が急。A、B、C を横から見るとこのように登って下って登るという地形になっているのがわかる。これを地図を見て想像できるようになるまで練習が必要。

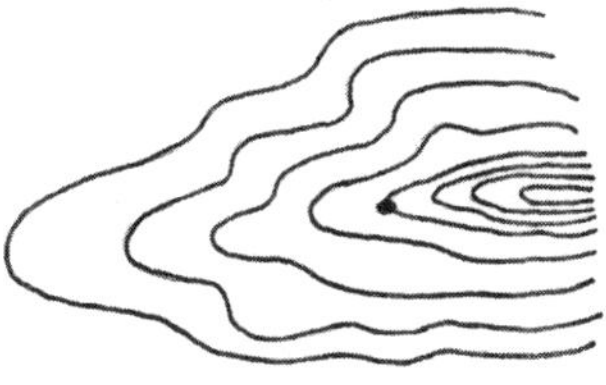

傾斜の変わる
ところは要チェック！

間違えやすい地形を地図から予習しておきましょう！

【下りなら】

尾根上を漫然と下って行くと、うっかり分岐を見過ごすようなところ。広い広場から複数ある尾根を選択して下るようなところ、あるいは下る尾根の始まりが顕著ではなく少し下ってみなければはっきりしない地形など。

【上りなら】

沢の分岐がわかりにくく、支流がほとんど谷の形をせずに合流するところ。また、登山道が小沢を横切るところも要注意。道よりも沢のほうが道らしく見えるところありま す。道が沢を渡るときは対岸の道の入り口がわかりにくいものです。

これらのポイントは、現場でこそだまされやすいのですが、むしろ地形図で見ればわかりにくい事が明らかにわかります。地形図を見て、現場で困りそうなところは事前に注意を払っておき、心して臨みます。こういう地図上登山を事前にしておく事は山登りの楽しみのひとつになると思います。

ＧＰＳはやめましょう

これまで述べたように、地図読みとは、不断の仮説設定と、その答え合わせの連続です。自分の身をかけたドキドキのサバイバルゲームといっても良いです。ベテランもベテランなりに現在位置不明の時間帯を味わっているのです。ただし、地図読みを熱心にやっているのに救いようのない道迷いになることは考えられません。道迷い遭難として救助が必要になるケースは、地図読みなんかする気がない人だと思います。

継続して地図を見ているから間違いに気づくのであって、現在地が不明になってから地図を見ても何もわかりません。

ＧＰＳは過程抜きの正解を持っています。これを持っていては、いつまでも地図が読めるようになりません。ならば答え合わせのために、非常事態のために、なるべく頼らなければ持っていても良いのか。私ならばそれでも持ちたくありません。何よりも深刻なのはＧＰＳを持つことによって、「僕は今、どこにいるのかわからないかもしれない」、という良質な不安感を味わえなくなります。この孤独感は、安心安全便利な下界ではおよそ感じることのできない、山歩きならではの畏怖です。

ＧＰＳを使うことによって、「山への畏怖」を感じるという、山登りで最も肝心な部分が損なわれてしまうのです。借り物の先端技術で偽りの全能感を以《もっ》て山に臨んでも、無力な自分を自覚できません。電化製品の電池はいつかなくなります。

とはいえ、今やスマートフォンに、性能の良い山用ＧＰＳアプリもあります。仕事や家族がある人には、電話を持っていかないことはまず無理ですから、なかなか難しいものです。

天気を読む

悪い天気も、下り坂で回復の見込みなしなのか、一日中はっきりしないけどそれほどは悪くないのかの区別は天気予報で知っておくといいです。

山の天気で危険なのは、樹林帯より上の領域にいるときです。樹林帯の中なら、台風だろうと二つ玉低気圧だろうと、濡れはしますが、風がないから行動できます。増水すると渡れなくなる、橋のない沢の渡渉のことは忘れてはいけませんが。

樹林限界の上で悪天を迎え撃つなら、十分な日程がある場合は、山小屋か、冬ならイグループや雪洞《せつどう》で、天気が回復するまで待てる準備をして臨みます。悪天明けの晴天というのは空気が澄み切って、雲がどんどん遠のいて行って、感動的な風景が見られます。一週間とか二週間とか、長い山行をすれば、一度や二度は悪天のサイクルが来るので寝て過ごす休みの日を見込んで計画を立てます。

週末だけの山行でそんな時間が取れないなら、悪天が来る前に樹林限界の下にさっさと逃げ込めるように時間計算をして行動します。木が生えていない場所というのは、風が強く、体が濡れていれば体温を奪って夏でも大変危険なのです（低体温症といいます）。体力の少ない人から動けなくなり、置いていくわけにも行かずに大きな遭難になることがあります。二〇〇九年のトムラウシ山の事故では九人が亡くなりました。仲間が極端に弱っていないか、常に見ていてください。

また樹林限界以上では、夏の午後の雷は始まると怖いものです。雷の鳴るような時間に樹林限界以上にいないよう、行動は早めに切り上げましょうとしか言えませんが、そうも言っていられないときもあります。雷や夕立のような急激な天候変化は、始まりも突然ですが、何時間も続きません。もしつかまってしまったらツェルトでもかぶって、身を低くして、ハイマツの陰にずぶ濡れになってもうずくまって、過ぎ去るのを待ちます。神様ですから逆らえません。雷は金属に落ちると言うより、周りより高くなっているものに落ちるそうです。頭を低くして、それからいかにも雷が落ちそうな高く飛び出たものからは離れます。それから岩山では、濡れた岩の表面を電流が流れると言います。できることなら岩場からは離れた方が無難です。私の高校では一九六七年に西穂高岳で落雷事故があり十一人が亡くなる大事故となりました。時にそういうことも起こりえます。

火山の噴火も神様です。火山情報を確認して山に登るのはもちろんですが、二〇一四年秋の御嶽山《おんたけさん》のような突然の噴火になったら、噴石の当たらない岩陰などの場所をいち早く探して、身を潜めて待つしかないと思います。

ただ、雷も火山も実際に見るとものすごく美しいものです。うっとりするほどです。

山小屋について

山小屋には、番人がいて管理や営業をしているところと、無人でみんなが譲り合って使うところがあります。山岳会や大学山岳部が維持管理していて、鍵を借りて使用する、よりプライベートな山小屋もあります。

営業山小屋といってもいろいろです。北アルプスの人気ルートのような、人がたくさん登ってくる人気の山は、ヘリコプターで物資を荷揚げするので、清潔で食事も下界のように洗練されているところもあり、無いのはお風呂くらいです。そんな立派なところもありますが、一方では水の不自由な、敷地も十分ではないところに元々あった小屋に、詰めあって眠るようなところもあります。気候のよい時期には混みます。料金は大体同じです。山小屋の人は仕事がたくさんあって忙しいので皆が山を歩いてばかりいるわけではありません。近くで遭難などがあれば救助に行きますし、道の補修なども主に受け持ってくれています。

山小屋は、もともと不便な所ですから下界の宿並のお願いやわがままを言いすぎないように気をつけたほうが良いと思います。過密度では一番と思われる富士山の六合目以上の小屋は、あまりにも二四時間人が通るので、宿泊者以外は雨の日でも玄関から中に入って休めない小屋がほとんどです。食事も少なく寝床もぎゅうぎゅうです。混んでいる時期、混んでいる山域に行くのなら、予約の電話をしておくべきです。

混んでいる小屋での心がけは、自分の持ち物はあちこちに置かず、全て枕元にまとめておくことです。靴も玄関に置かず枕元へ。濡れたカッパも乾燥室に残さず、玄関で水を払ったら防水袋に入れて枕元へ。濡れたものは、吊るしておいても大して乾きません。翌朝晴れていれば着ているうちにすぐ乾くし、まだ降っていれば苦労して乾かしても無駄です。夜中に火事になってもすぐ逃げられるようにという心づもりです。

一方、同じ北アルプスでも、空いている山小屋もたくさんあります。普通の行程と数時間ずれているために利用者が少ない小屋もあります。そういう小屋は古いたたずまいを残した（あるいはボロい）雰囲気があって、私は好きです。ご主人も話せる余裕があり、話せば面白い方ばかりです。

営業小屋があるのは北アルプスや南アルプスなど、日帰りできない山深い山域だけです。自動車道路が奥まで伸びて日帰りができるようになって、営業小屋がなくなったということも歴史的にはあります。富士山の五合目以下はそういう事情で営業小屋がなくなっています。

東北地方や北海道では、営業小屋は少なく、ほとんどが無人の避難小屋か、市営や町営で山岳会などが整備している歴史ある山小屋です。こういう地域では地元の岳人が必要な物資を荷揚げしたり、清掃したりして大切に使っています。きれいに整備された小屋に入ると、出て行くときにはきれいにしていかなきゃな、と自然に思うのだから不思議なものです。

信仰の山では、山岳信仰の人も登ります。富士や御嶽や白山《はくさん》、立山はもともとそちらが主流派ですし、山小屋を訪ねればその歴史が知れて興味深いものです。南アルプスの巨摩《こま》山地にある七面山は、標高差で一五〇〇ｍも登ったところに凄《すご》く立派なお寺、敬慎院があり、お坊さんたちが何十人も修行しているところに泊まれます。精進料理に読経拝聴などのフルコースがあります。近代の西欧的なアルピニズム以前から、日本人は山が大好きだったと知ることができます。

山での炊事の基本

山での煮炊きは狭いテントやイグルーの中で、座ったままでするので、熱い鍋をひっくり返して膝にかけるというのが最大の危険です。これだけは避けなければなりません。慣れたころやりますから気を付けましょう。とにかくメンバーのうちの一人は常に鍋の取っ手から手を離してはいけません。交代で「鍋のビレイ」（岩登りで、登っている人の命綱をいつでも止められる態勢）を務めます。

ストーブ（炊事用コンロ）の燃料は、ガスカートリッジ、ホワイトガソリン、灯油、アルコールとあります。一泊や二泊なら扱いの楽なガス、長期山行なら空き缶の出ない灯油やガソリンストーブが向いています。ただし、便利な道具は油断すると大怪我をします。引火、爆発には十分注意してください。給油の時には必ず全ての火を消しましょう。

水は、重いので運ぶのが大変ですが、一人一晩二ℓは欲しいです。冬は雪を溶かします。イグルーなら、壁から削りますから楽なものです。夏は、沢の近くで泊まります。上流の方なら水際で構いませんが、中流以下なら、夜中の突然の豪雨による鉄砲水（急に水流が増えて危ない）を警戒して、水面より一m以上高い所に寝床を作ります。どうしても稜線に泊まりたければ、あるいは泊まらざるを得なければ、沢まで水汲みに下り

炊事は火元に十分注意して。

ます。地形によりますが下り二〇分、登り三〇分くらいで、ちょろちょろと水のあるところ（源流）まで行けると思います。お漬物用の二斗くらいのポリ袋をカラのザックに入れ、そこにコップで汲んだ水を入れ、紐で縛って担いで上ります。水道のない山間のネパールの子供がやっていたのを思いだします。

もちろん、縦走などで登山道を歩くときは山小屋付近の天場指定地にテントを張ります。水は有料で分けてもらいます。稜線《りょうせん》の山小屋なら雨水や、下の方の水源からポンプで苦労して汲み上げているものです。

食事の中身は前に書きましたので、食後のお皿の掃除です。山では水は貴重です。洗うために水を使うのは沢のほとりに泊まったときくらいです。冬や夏の稜線では、まず、食器は舐《な》めるのが一番です。浅い形状の食器だと舐め切れます。少しお湯を入れて指で汚れを落としてそのままいただきます。指も舐めておしまい。パンなどがあればそれで拭いて食べるのも良いです。トイレットペーパーできれいに拭く人もいますが、ゴミになるので私はやめました。シリコン製のスプーンやゴムべらがあると、きれいにぬぐいとれます。

共同の鍋は大きくて、舐めるわけにいかないので、カレー雑炊など、鍋が激しく汚れたときは翌朝、カレー風味のラーメンで最後にきれいにします。鍋は出発するまでに汚れを落とせば良いのです。

2　山でのフンは大自然へのお返し物

混雑する山とトイレ問題

ここ数年は登山をする人が増えて、しかも以前に比べトイレがないと困るいう人がとても増えたようです。一番顕著なのが富士山です。夏の富士山は駅前通りよりも人が多いので、そのへんで適当に済ますわけには行きません。山頂近くには環境省がすごく立派なトイレを作りました。

一九九〇年頃まで、富士山はじめ山小屋のトイレはそのまま裏の谷に流していたと思います。トイレットペーパーが白い川のようになって、悪臭もしていました。それに比べて今の富士山はとてもきれいです。トイレの中身は、ブルドーザー（キャタピラのトラック）が荷下げしています。富士山には登山道とは別のブルドーザー用の裏道があって、膨大な登山者のための水と食糧を荷揚げして、トイレの中身とゴミを荷下げしているのです。人がたくさん行くところは「大自然を満喫」、と思っていても、実はよく管理された公園の中なのです。

どの山にも富士山のように整備されてはいません。同じように人が多い北アルプスなどでは、ヘリコプターでトイレの中身を運ぶところが多いようです。登山者の意識も向上し、トイレのないところでも安心なように、携帯トイレ（持ち帰り用の袋）を使う人も増えているようです。高山帯（標高二五〇〇m以上）では腐敗菌が活発に働かないのでフンは土にかえりにくいため、人が多いところでは仕方がないことです。日比谷公園の植え込みでやってはいけないのと同じように、人が多い山小屋や登山道の周辺で「青空トイレ」をしてはいけないと思います。そういう山に行くのなら「公園」のトイレを、使用料を払って使うべきだし、持ち帰り用の袋も使うべきでしょう。ですから、できればそういう山へはなるべく行かないほうがいいと私は思っています。何も、トイレ問題が起きるような混雑するような山に行かなくても、素晴らしい山登りはいくらでも自分で探すことができるのですよ、という話がたびたび出てきますが、そこがこの本のねらいです。

そうは言っても有名な山には行きたい人も多いでしょうし、使用料をケチっているわけではないけどトイレじゃない所で突然の便意が……ということもあるでしょう。そういう場合、以下の適切な排便方法を読んでおいて損はないと思います。

有名な山の縦走路のような、公園のような山はともかく、私がいつも興味をひかれて通う山は、人が多くは登らない山です。もちろん道もトイレも山小屋もありません。でも、日本人が古くからずっと山仕事で歩いてきた、踏み跡のような微かな道や、炭焼きの痕跡はあります。以前の日本人は、今よりもよほど深く広く山と関わり、山の中で食べたり寝たり、フンをしていたのです。私はそういう山行をもう三〇年も好んでしているので、おそらく一〇〇〇回近く山中でフンをしている勘定になります。

「くう・ねる・のぐそ」

『くう・ねる・のぐそ』(ヤマケイ文庫・伊沢正名)という本があります。著者は、キノコの写真家です。本によれば伊沢さんは、キノコが人や獣のフンに生えて、フンを土にかえしていることを知り、「ウンコはトイレに流せば厄介なゴミに成り下がるが、じつはヒト以外の生き物にとってはたいへんな御馳走なのだ」と気付きました。以来、「ヒトが自然に返せるものと言ったら、ウンコしかない」ということを信条に、水洗トイレを一切使わず、毎日フンを土に埋めているそうです。私の一〇〇〇回どころではありません。一〇年以上もほぼ毎日です。時々やむを得ずトイレに駆け込まざるを得ない事態で途切れることはあったそうですが、長い連続記録もお持ちです。きれいごとではない実践的なエコロジーとして、個人にできる身近で確かな行いだと思います。なかなか常人にはそこまでは真似できませんが、野山でフンをする際にどうすればエコロジー的に最適なのかのテクニックがこの本に詳しく書かれています。どのくらいの時間で土にかえっていくのかを丹念に追跡調査し、実証的裏付けも示しています。私はこの本を読んで、人が自分の体で実践できる本当のエコロジーとは何かを知ることができました。以下に挙げる具体的テクニックのほとんどは伊沢さんのうけうりです。

紙を使わず、土に埋めよう

場所選びですが、「公園」の近くではしてはいけません。緊急だからと、一mくらい離れただけでは駄目です。安心してするためにも一〇mや二〇mは離れましょう。雪の季節も同じです。雪が溶けたら「公園」の中だったというところではいけません。

そして大切なのは、紙を残さないということです。フンは数か月で土にかえっても、紙はなかなか朽ちないのです。私は同じ山にはほとんど登らないので知りませんでしたが、伊沢さんは、トイレットペーパーが土の中でさえ何年も風化せず残ることを、実地で確かめていました。

土中の生き物に盛んに食べてもらえる深さは一〇cmほどです。つま先や枝などで穴を掘って中にフンを落とした後は必ず土をかけて埋めましょう。およそ標高二五〇〇m以下の樹林帯であれば、地表、地下の菌類はじめ虫、植物、はては動物までさまざまな生き物が御馳走として食べてくれます。伊沢氏の追跡調査によれば一か月ほどで無臭になり、フンではないもの（無機物）に変わり、植物の根が包み込むように伸びてくるそうです。

紙を残さないために、今ではポリ袋に入れて持ち帰る人も多いと思います。持ち帰りたくなくて、拭いた紙をライターで燃やすのはお勧めできません。乾燥した雑木林で、日中に炎が見えず、これで山火事になった話を聞いたことがあります。

ここで私が勧めるのはペーパーレスの方法です。紙ではなく木の葉などで拭きます。拭きやすい葉は、急に探してもありませんから、やさしい肌触りで大きめの葉などを、歩いているうちから見つけておいてポケットに入れておきます。土の付いていないすべすべの水辺の小石も便利です。これらを使って初めに大まかに拭います。仕上げに、ペットボトルに入れた飲料水を少し使って、指先で洗います。このとき重要なのは、初めに指を水で濡らしておくと匂いが付きません。乾いた指でいきなりフンに触れると指に残りやすいです。左手をスプーンみたいにして水を載せ、そのままこぼさぬよう下から尻に持って行って洗うようにして水を使います。慣れてくればたいした量の水を使いません。一〇ccとか二〇ccくらいです。山で貴重な飲料水も、それほど減りません。洗うのに便利だからといって、沢に直接するのはいけません。流れからは少し離れましょう。沢の水はみんなのもの、汚してはいけません。

冬は、葉や小石の代わりに、硬くクラストした雪のかけらをピッケルなどでとって、尻拭いをすることもあります。丸い雪玉よりも三角に、少し尖らせた方がうまくできます。三度も拭けば、水がいらないくらいです。ふわふわ雪なら、細長く三角に握って固めなければいけないので、手が冷たくて辛いです。

ペットボトルのキャップにキリでひとつ穴をあけたものを別に用意しておき、キャップをこれに取り替えて押せば水がぴゅっと出ます。これでお尻を洗う方法も、少ない水で効果的に洗えます。穴あきキャップは青や緑など、変わった色のものを使うとわかりやすいです。この穴あきキャップを用意しておくと、怪我人の傷の洗浄にもとても便利です。傷口のゴミやバイ菌を洗うのに貴重な水を効果的に使えます。山ではペットボトルにはジュースだけでなく、水を入れたものを用意しておいた方がいいと思います。

家で練習

実際、いきなり山でお尻の水洗いは難しいかもしれません。でも考えてみると今や家庭でも外出先でも、日本の便座式水洗トイレにはほとんど水洗い装置がついています。これだけ良いトイレがあってほとんど水流が洗ってくれるのですから、仕上げは紙など使わず、手で洗えば良いということに、私はあるとき気が付きました。それ以来、トイレで紙を一切使わなくなりました。山と同じように、先に水流で指を濡らしておいてからじゃぶじゃぶ洗います。毎日やっていれば、山でも慣れたものです。

私の場合は、山でも里でも洗って濡れたおしりでそのまま下着を着てしまいます。そのうち体温で乾いてしまい気になりません。気になる方は、濡れたおしりを手拭いやハンカチで拭けば良いと思います。日本中の下水に捨てられるトイレットペーパーが減れば下水処理場はずいぶん楽ができるのではないでしょうか。

紙なんて野蛮、という文明だってある

山小屋の便槽式のトイレや外国のトイレでは、紙を流してはいけないという所もあります。またインド圏やイスラム圏では、「紙で拭くのは欧米文化」であって、「紙で尻拭くなんて野蛮だなあ」くらいに思っているところもあるのです。そもそも水で洗った方が尻もきれいだし、汚れた紙を残すより水だけで洗えるならそれで十分だと思います。

電気や水道が止まれば快適なトイレは使えなくなります。二〇一一年以降、私たちはそ

ういうことも覚悟しながら生きるべきではないかと考えています。フンの処理を、どこかの誰かにお願いするのでなく、自分で洗い、自分で拭いて、土にかえす方法を日ごろから知っておくべきだと思います。少なくともトイレットペーパーの在庫の心配をすることもなくひとつ「自由《フリー》」が手に入ります。普段から自分の指で尻を洗う練習をしておきましょう。便所の中では誰も見ているわけではないのですから。これも探検の一環です。ぜひ実践をお勧めします。

最近読んだ世界のトイレ事情を書いた本で引用されていた、道元の「正法眼蔵」という古文書の中で、厠《かわや》の作法の抜き書きが丁寧に書いてありました。それによれば中世の日本人は、長さ八寸のへらを使って拭っていたようです（『世界のしゃがみ方：和式／洋式トイレの謎を探る』（平凡社新書・ヨコタ村上孝之）。どんな形状なのかな、竹なのかな、使用後は洗うのかな、個人用なのかな、いろいろ想像します。

自然を満喫とはこのこと

話を山のフンに戻すと、山でのフンは凄《すご》く爽快なのです。自然と一体化した気持ちを満喫でき、いつまでも去りがたい余韻さえ感じます。もし一度もしたことがない人ならば、初めての野糞《のぐそ》から得られる感動と思索は大きいと思います。山歩きの楽しみは、いかに自分の身体を周りの天然環境に調和させて、安全安心便利とされる人造社会から自由になるかということだと私は思います。山での食事がおいしいように、山での野糞は気持ちがよいのです。

登山口などのトイレで、汲み取り式で匂いもきつい中で済ませるよりも、清々しい森の中、ゆっくりそよ風の中でフンをする喜びは快楽です。便所だって誰かが掃除して糞尿を担ぎ出さなければならないのです。分散させられるものなら、自分の分はささやかでも土にかえりやすくしていくという方が適切だと思います。

人は自然を求めて山に行くものと思いますが、最も身近な自然環境とは自分自身の身体ではないでしょうか。どんな人工的な所にいても、人の体は、純天然産の生命体です。食べて、歩いて、水飲んで、汗かいて、寒がって、心拍数上げて、寝ころんで、そしてフンをする。普段すっかり忘れている自分の身体の内なる天然世界を自覚するためにも、山でのフンを、そして「自然へのお返し」をお勧めします。口から食べる食べ物はどれも他の命だったものです。尻から出るフンも何か他の命の役に立ってこそ、人は命の大きな循環に加わることができるのではないでしょうか。

3　もしものときには……

もしも道に迷ったら

登りで迷う人はいないので、下りの話をします。迷うにも二つあり、違う道を下りてしまったという場合と、道ではないところに入り込んでしばらく進んでしまった場合があります。

違う道に入ったことがわかったら、地形図をよく見て、その次を考えましょう。そっちに行ったら日が暮れそうなら登り返して正しい方へ。どのみち日が暮れる恐れがあるほど下まで行ってしまうのは地形図を見て確認していないせいです。地形図を一〇分に一回確かめて歩けば間違えません。引き返さず進むにしても地形図の確認を怠らないことです。

もう一つの、道ではないところに入り込むことは、私もよくあります。道が倒木に塞がれてつけ直したところや、道が沢を横切るようなところは、道よりも道らしい跡ができて藪《やぶ》の中へ導かれます。大きな岩場や残雪に阻まれて踏み跡が不明瞭になるところは踏み跡に戻るところが見つけにくいものです。注意深く修正しましょう。道がそれまでと違って不明瞭になったら、すぐに戻れば、正しい道と別れた分岐点をすぐに見つけることができます。

なんか変だな、と思いながら、どんどん進んでしまうと、もとの道に戻るのが難しくなってしまいます。

下に下ればなんとかなる、という気持ちは、登り返す気力がない、という弱みに付け込みます。しかしこうして下っていくと、最後は崖の上に出て身動きが取れなくなる、というようなことになります。沢には滝があるので、ロープを使った下降技術の支度がなければとても超えられません。ヘタに下りれば、登り返しもできなくなって閉じ込められたり、脱出しようとして落ちて怪我をしたりします。

ここまで読めばわかると思いますが、地形図を準備して頻繁に確認さえしていれば、道を失うことはありません。道迷い遭難をする人は、地図を持って行かないか、あるい

確かなのは山頂だけ。迷ったら改めて山頂に戻る。尾根に出ただけで安心すると再び道を失います。

は地図を見る気が全くない人だと思います。

現実には一番ありがちなケースとして、地図なしで下山して、気がついたら藪の中だった場合、どうするべきかを話します。

その場合、下へは下りず、山頂を目指してまたひたすら登るのが最善です。ぼんやり下りられたくらいの傾斜だから、藪漕《こ》ぎは大変でしょうが、登れないことはありません。登っていく途中で見失った道に当たることもあります。

すごく遠回りになる可能性もありますから、それがどこへ行く道かがわからないうちは安易に下らぬ方が良いです。見覚えのある所、あるいは標識などで確認して予定していた道とわかるまでは、その道を登り続けたほうがいいかもしれません。もし道に当たらず山頂に再び登ってしまっても、少なくとも現在位置はわかります。

また、標高の高いところに戻れば電話の電波が通じることもあるので、心配している人への連絡はできます。暗くなるなら、樹林帯の風のあたらない場所を選んで、ツェルトをかぶり、防寒着をすべて着込んで、防寒のため針葉樹の葉を敷き詰めて横になり朝を待ちます。

現在位置がわかるなら救助要請は不要です。翌朝、自力で下山すべきだと思います。家族と職場にはちゃんと謝りましょう。地形図で確認する習慣がないと、ここまで苦労するのです。

もしも怪我をしたら

自力で下れないような大怪我の場合で、脳や背骨ではなく、足や腰の故障の場合です。痛くて三歩以上歩けなければ、まず骨折です。骨折部位に添え木を当て、ぐらぐら動かないようテーピングテープで固定します。登山道上ならば誰かが通ったら助けてもらいます。人を運ぶのは大変です。私は六〇kgの人を一人で担いで下ろしたことがありますが、一分くらい進んだら、もう休まなくてはなりません。何時間もかかって痛い思いもします。もし人数がいるなら、ザックをカラにして担架を作って下ろす方法もあります。

●四人くらいでザックを使って運ぶ方法

ザック連結式担架

三つのザックの背負い紐《ひも》の長さ調節紐をはずして、別のザックの肩バンドの付け根に通し、列車みたいに繋ぎます。上に人を載せ、ザックの腰ベルトで頭と体と足も固定します。ザックの横の締めバンドなど、周りをみんなで持って運びます。

ザックの中身は大きなポリ袋やスタッフバッグなどに入れて、置いて下山し、また後日取りに登ります。

●一人でザックで運ぶ方法

①ストック二本を五〇cmに縮めて（枝などを五〇cmに切って作るのも良い）フリースやセーターで巻いてテーピングテープで固定し、腰かけを作る。

②ザックの背負い紐の調節部分を長く伸ばし、作った「腰かけ」をザックの後ろに当て、背負い紐の下部をSの字にひっかける。

③ザックの天蓋に衣類などを入れ柔らかくし、負傷者の胸のクッションにする。ザック

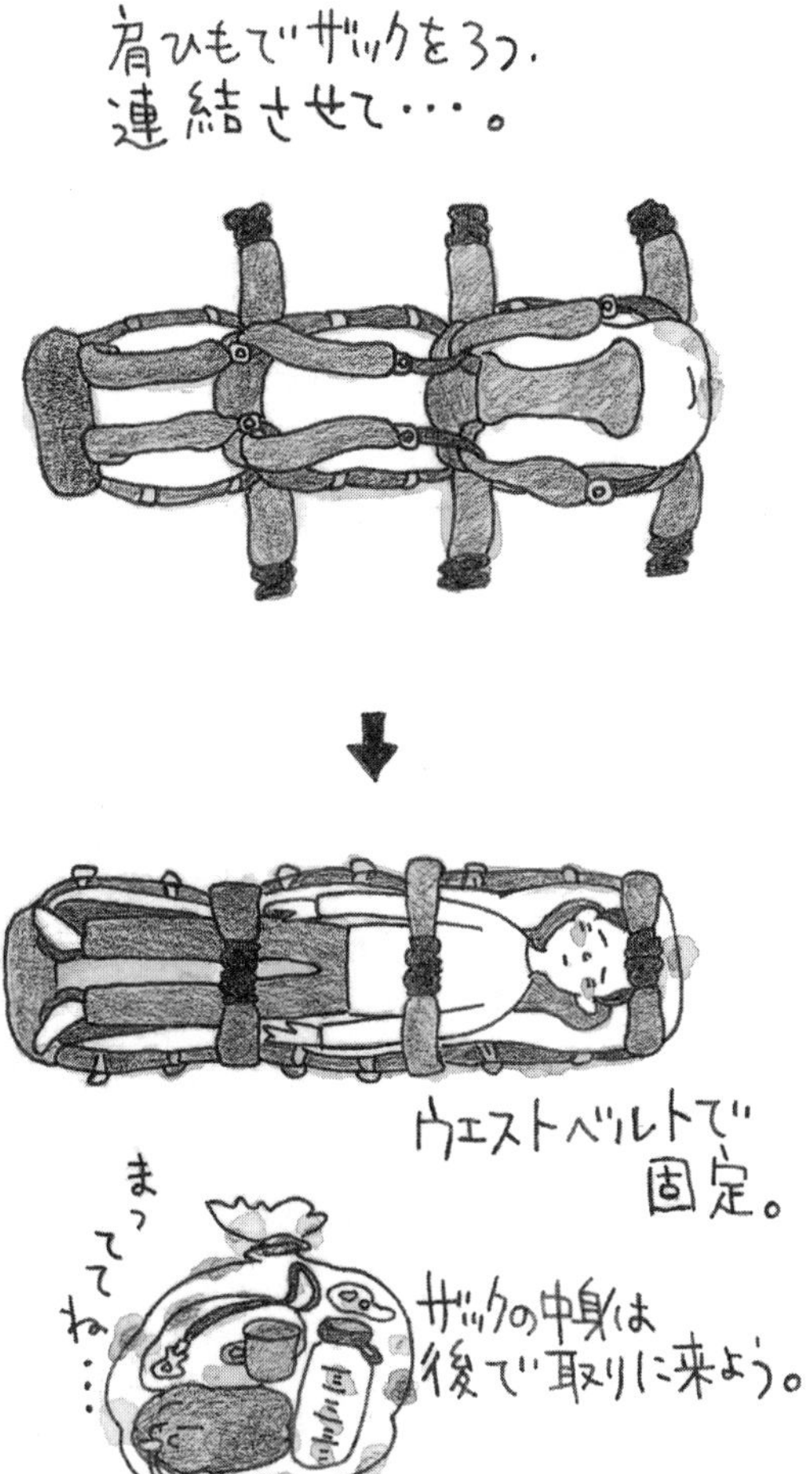

ザックを連結して怪我人を運ぶ方法

の底にも少しものを入れて尻の下にする。①の腰かけ横棒に腿をかけて負傷者を背負う。胸を天蓋クッションに載せる。

④負傷者の首の後ろにカッパのズボンの股をかけ、両足部分を負傷者の肩を抱き込んで、背負いバンドの下に巻き込むと固定できる。

こうして詳しく運搬方法を書くのは、山で失敗しても、やはり自力で解決するのが筋だと思うからです。一九九六年頃までは、山で携帯電話を使うことはありませんでした。しかし、こんなにたくさん優しく強い人がまわりにいなければ、それに山奥深ければ、そして動かしたら危険かもしれない頭や背骨の怪我だったら、ヘリでの救助要請をします。誰かに、電話の電波が通じるところまで登って行ってもらって一一九番か一一〇番にかけてもらいます。そのとき、作っておいた計画書を渡せば話は早いでしょう。

現場の位置も、標高で伝えます。怪我の具合も簡潔に伝えます。天気が良ければすぐに助けに来てくれると思います。その際、尾根上ならば見つけやすいのですが、樹林帯の中などでは見つけるのも難しくヘリも近づけません。引き上げやすい場所まで移動す

雨具のズボンを負傷者の首の後ろから
まわし、搬送者の肩バンドに折り込む。
ザックの天蓋、底に衣類を。
腰かけ
ストックを50cmに
縮め、衣類でくるんで
テーピングテープで巻く。

1人で運ぶときには

ることも考えなくてはなりません。ヘリからワイヤで最初に降りてきた救助隊員がその段取りをつけ、準備ができた時点でまたヘリが来て吊り上げます。救助できずに夜になってしまうと、翌朝の天気次第でヘリが飛べるかわかりませんから地上からも何十人も上がってきます。警察、地元消防団、地元山岳会の人たちです。ご苦労なことです。助けてもらったら、必ず一人一人にお礼を言いましょう。

誰も通らないところで一人で怪我をしてしまったら、これは苦労します。そのためにも登山計画書を書いて、家の人に渡してきてください。これだけが命綱です。怪我が痛くても我慢して、ツェルトを張って、寝床を作って、着られるものを全部着て、救助を待つしかありません。もし幸運にも電話が通じるなら一一九番して現在地を伝えます。たった一人で山を歩くなら、こうしたことも想像しておかなくてはなりません。

もしも高山病になったら

高山病というのは、標高が高くなり気圧と酸素が減ると体が不調になる、当たり前の症状です。弱い人は二七〇〇mくらいから、普通の人は四〇〇〇mくらいで、悪い二日酔いみたいになります。

やる気がでなくて、クラクラして、食欲がなくて、吐き気がします。頭が痛くもなります。日本の山の高さでこの症状になる人は多くはありませんが少数います。

眠ると呼吸が浅くなるので、症状は寝ている間に起こりやすいです。意識して深く大きく呼吸をして、酸素をたくさん取り込むと改善することもあります。

下れば回復しますが、こじらせると、下っただけでは治らない肺水腫という病気になることもあります。肺水腫は薄茶色の痰《たん》が出るのでわかります。私はパミールの山で肺水腫になり、入院したことがありました。

日本では、標高の高い富士山の山小屋で泊まるときが一番多いようです。辛いときは、さっさと下りましょう。ケロッと治ります。長居すると歩くのも辛くなってさらに大変です。一度下って回復してからすぐ登ると、体が慣れて平気になることもあります。そうやって徐々に身体をならして、人は五〇〇〇mちょっとくらいまでは順応、定住することができます。六〇〇〇m以上は消耗するのみなので、体力とスピードが勝負です。ヒマラヤではこうして時間をかけて往復しながら八〇〇〇mの山を登るのです。

第4章　北大山岳部流探検登山

1　北大山岳部は、探検登山の流れをくむ登山道場だった！

高校時代に覚えた旧制高校の寮歌の中で、いちばん美しい歌だった北大恵迪《けいてき》寮寮歌「都ぞ弥生」に憧れて、北海道大学を目指しました。「星影冴《さや》かに光れる北を　人の世の清き国ぞと　あこがれぬ」の歌詞が今でも好きです。

入学してわかりましたが北大というところはこの歌詞の通り「遠くへ行きたい」とか、「大自然の最前線で研究がしたい」とか、「ニッポンを出たい」などと考えて津軽海峡を渡ってきた学生が本当に多い所でした。当然、登山系クラブはたくさんありました。一九二六年にスキー部から独立した山岳部を始め、元のスキー部から戦後ふたたび別れた山スキー部（一九六三年）、一九五五年代にできたワンダーフォーゲル部、一九六一年にできた探検部がありました。どこもヒマラヤ登山くらいは可能な歴史と実力あるクラブで、私の入学した一九八四年当時、各々二〇人前後の部員を抱えていました。寮でそれぞれのクラブの先輩に話を聞いて、やっぱり山岳部に決めました。

北大の山岳部は一九一〇年代に日本でスキーが行われるようになってすぐできたスキー部から一九二六年に独立しました。当時の日本にリフトのあるゲレンデスキー場は無かったので、スキー部というのはスキーで山に登って滑る山岳部そのものでした。スキーは滑るだけの道具ではありません。かかとが自由に上がる締め具（ビンディング）で、板の裏にアザラシの毛皮を張り付けると、深い雪の斜面でも潜らずに登れる登攀《とうはん》道具になるのです。

これで山を登って滑るのが山スキーです。だから元々は登るも滑るも同じスキー部だったのですが、スキー滑降を競技スポーツとして練習したいグループと、スキーを山岳地帯の移動手段として山頂を目指すアルピニズムを求めたいグループとが分かれ、後者が山岳部となったのでした。独立時の発会式の様子を古い記録で読むと七〇人以上と盛況でした。いかにスキー登山が当時の北大の若者たちを魅了したかがわかります。

北大山岳部は、その前身のスキー部時代も含めて、当時冬季未踏だった北海道内の山々に足跡を残していきます。なぜ未踏だったかと言えば、一〇〇年近く前の北海道では山のふもとまでたどり着く交通手段さえ、まだ整備されていなかったからです。一九二〇〜三〇年代の山岳部は、北海道山岳地開発の最前線を探検していた幸福な時代でした。

特に日高山脈の最も高い高峰が並ぶ主稜線《しゆりようせん》は、深い谷と細い尾根に阻まれ、地形図さえ不確かな未知未踏の時代を経て、ほぼ独占的にその探検登山を行いました。その過程で身につけた山登り法は、

一、機敏に動ける少人数での山行
二、後輩をシゴかないリベラルな雰囲気
三、荷物は軽くして現地のものを利用する
というものでした。

一、は、やはり難しい山は多人数で行くものではないのです。初心者を加えていく山行ならば、経験者が二人、初心者が三人までです。それ以上は目が行き渡らなくなるし、意思疎通も限界です。この人数ならばテントもイグルー（エスキモーの家、かまくら）も

一つ屋根で過ごせます。部員全員で合宿する機会も年に二回ありましたが、その際も四〜五人のパーティーに分かれて、別のルートを一日回ってベースキャンプに戻るという形式でした。夏、冬、春の長期休暇に二週間くらいのメイン山行を四〜五人のパーティーで計画し、そのパーティーで一シーズン、何度も準備山行を重ねて力をつけるシステムでした。戦前戦後通じて、ヒマラヤ登山などを目指す大学山岳部は概ね、多人数で大量物資を運び、組織力を生かして次々にキャンプを高みに伸ばして最後に山頂に到達するという「極地法」という集団登山に傾いていました。でも、北大は違いました。

二、当時八〇年代の東京や大阪の大学山岳部と言えば、「シゴキ」といって、初心者がバテるのがわかっていて過酷な歩き方をさせたり、初心者にストレスを与える以外に特に意味のない伝統習慣を続けたりという話をよく聞いたものです。それで心の強い部員も育ったのかもしれませんが……。

しかし北大の山岳部では戦時も通じてそういう時期は全くなかったと聞いています。一人でもバテて動けなくなったらパーティー全体が危険になるような厳しい山で、そんなトラブルは御免です。上級生に対してでも疑問点は率直に問われ、むしろ、山行計画の検討と運営に主体的に関わることが一年生のうちから強く求められました。山に行っていない日はほぼ毎晩、部室で山行計画の検討会をして延々討論ばかりやっていました。私にはむしろこれがキツかったです。六〇年代から続く学生運動的な影響もあったようにも思います。

三、これが最も北大独自の山行方法で、私の山登りに強く影響を与えた特徴でした。

北海道の山に登山道が増えたのは九〇年代の中高年登山ブーム以降で、それ以前はそもそも道のある山が少なかったように思います。ですから山で人に会うことは少なかったです。山岳部は、夏は渓谷遡行（沢登り）専門でしたし、冬山ではなおさら、ほとんど人に会うことはありませんでした。本州の山岳部のように登山道を重い荷物を背負って長い縦走をするような場所も、順番待ちするような人気の岩場もほとんどありません。沢や藪《やぶ》では重い荷物では動き回れませんから軽くて簡素な食糧に抑えて沢から沢へと「天然の道」を渡り歩き、魚を釣ったり山菜をとったりしてつなぎます。

深い日高の山に入れば沢から沢へと登り下りして遠くまで歩きます。稜線を縦走するのでなく、沢から沢へとジグザグに「縦走」するのです。水流の多い中流部に橋がなければ、渡渉ができません、減水待ちをしなければならないので予備日数も見込まなければなりません。鬱蒼《うっそう》とした藪や森の中をバリバリ進むような山登りは、多くの登山者が通る公園みたいな山道で「草木を大切に」と言っている山とは別の山なのです。

テント（といっても緊急用のツェルト）のポールは用意せず、細い立木を組んで張ります。冬は雪を使ってイグルーを作って泊まります。テントやポールは持たなくても、工作に必要な軽量の雪用スコップ、ノコギリ、鉈《なた》は必携でした。焚き火の腕も磨きます。どんな木が燃えるか、どんな場所に燃えるものがあるかを学び、できる限り火を焚きます。もちろん楽しいからです。夏は、雨でも焚き火ができる自信があるので、長期山行でも炊事用コンロ（ストーブ）を持参しません。炊事したい一心で焚き火技術に磨きがかかります。

道や、決まりごとや、一見便利な道具や、他人の目がほとんどない北海道の山で、自由にのびのび、天然のままの山登りを満喫し、大切にして北大山岳部は九〇年も続いてきました。

これまで書いてきた山登りの基本的なことはもちろん、この本でこれから書こうと思っている、独自の技術や山登りの流儀は、すべて北大山岳部の先輩たちが何十年も続けてきて、教えてくれたものです。卒業して三〇年近くになりますが、今も現役の学生たちは同じ流儀で山登りをしています。九〇歳を超える先輩とも、同じ北海道の山登りの話が通じます。同じ年頃に、同じ難問を通りぬけてきたからです。とても尊いことだと思います。

このようないきさつで、私の山登り流儀は、なるべく天然の山を天然の方法で登りたい、という志向になりました。人が作ってくれた安全で便利な道具やしくみから free（自由／助けなし）なやり方を求めます。なぜならそれは奥が深くて、おもしろくて、飽きなくて長続きするからです。こうした山登りをこの本では「天然山行」とよびたいと思います。

以下に、北大山岳部時代から私がやみつきになった、普通の山登りでは教えてくれない、探検登山由来の天然の山登り流儀について書いていきます。

2　流儀その一　山では地下足袋を履きます

地下足袋を履いたことがありますか？　私は雪の無い季節なら山登りをするときにいつも地下足袋を履いています。高校までは夏でも重い登山靴を履いていましたが、山岳部で地下足袋を覚えてから、やめられなくなってしまいました。大抵の登山用品店では、くるぶしより高い位置まで足首を保護された硬い靴底の軽登山靴（トレッキングシューズ、昔はキャラバンシューズなんて言いました）を勧められると思います。荷物が二〇kg、三〇kgになるのならもっと重くて丈夫な靴（冬用みたいな）を勧められるかもしれません。地下足袋なんかで大丈夫なのか不安になりますか？

そもそも地下足袋は、ゴムが一般に普及した明治中期に発明され、大正期以降は日本の土木や農業の現場作業者の足を支えました。なぜ私はそんな古いものを今の時代に履くと思いますか？

地下足袋の優れたところ

硬く丈夫な「殻」に守られた登山靴に対し、地下足袋は修練が必要です。歩き方を磨けというのです。

たかが歩行ですけれど、舗装してない山道は一歩一歩に素早い観察と判断が必要です。地下足袋を履いた足で不用意なところに足を置けば薄い足底ですから痛い目に遭います。指先をぶつければアザになります。ガレ場で足の甲にちょっと石が落ちただけでも飛び上がるほど痛いです。裸足と大して変わらないのですから。

でも地下足袋で歩くのに慣れれば、そういうことを瞬時に避けて丁寧に歩けるようになるのです。歩きぶりも、筋肉の付き方も違ってきます。道具に頼るやり方より、体術が洗練されるやり方のほうが、一生モノの技だと思います。だらだら歩いてもとりあえず足裏は痛くないような「油断靴」を履いているから、思わぬところで転んで怪我をするとも言えるのではないでしょうか。

思えば昔からの道具は大抵皆そういうものです。修練しなければなかなか使いこなせません。でも一旦身についてしまえば身体の一部となり、さらに鍛錬すれば神業のようなことができます。単純な構造で、用途もいろいろなことに使えるようになります。例えば筆も、針も、鰹節《かつおぶし》削りも、ノコギリも、日本刀も、楽器も、和服も、フンドシも、風呂敷も皆そうです。作りが簡単で奥が深い。そして初心者には易しくないのです。山登り用品は今、美しく、機能も充実した道具をたくさん売っています。でも結構高いですね。それらはとても便利なのですが、ひとつだけ致命的な欠陥があります。それは、「便利なものを使い始めると、それまで当たり前にできていたことができなくなってしまう」ということです。たとえば便利な車に乗り慣れると、以前は一日やそこら、誰でも歩き通しで山越えしてでも隣町まで移動していたのに、今ではそんなこと到底できないように思えてきますよね。

山歩きというのは、場合によっては死ぬかもしれない危機が頻繁に訪れます。ちょっとぐらいの便利さに目がくらんで身体能力を怠けさせると、危ないと私は思います。

長い期間山登りをしている人ほど、新しく便利な道具を持つことによって失うものの大きさを知っているので、目新しい新兵器を警戒します。しかしその助言はあまり本気にされません。最新の装備についてこられない昔の登山家扱いされてしまうことが多い気がします。

GPS、クマ撃退スプレー、雪崩ビーコン。それから軽量のドームテントやストーブ（炊事用コンロ）。どれも一〇〇年前の登山家はなくても済ませたものです。誰かが作ってくれた便利な道具を買う前に、身につけるべき身体技能があると思います。道迷いも、クマも雪崩も、そんな新兵器ひとつで助かるほど甘いものではないと私は思います。

以前訪れたネパールで、現地のポーター（荷物をベースキャンプまで運んでくれる山麓の人夫）が、裸足で二五キロの荷物を担いで氷河モレーン（堆石丘）の尖った石ゴロゴロ、凍りついてツルツルの山道を平気で歩いていました。日当に加え軽登山靴を支給しましたが、売って現金にして暮らしの足しにすると言って使いませんでした。また南米のパタゴニアでは、今はもういませんが、ダーウィンのビーグル号が訪れた一九世紀には、南緯五二度の冷たい海を裸で素潜りして貝を採る「あまちゃん」先住民がいたそうです。

どちらも同じ人間の持つ能力で、私はとても憧れます。山登り自体だって、人によっては「そんなの無理」と思われる行いです。地下足袋登山だって、初めは少し不具合はあっても案外そう時間もかからず習得できるようになります。

裸足に近い感覚で登れる地下足袋登山が好きなのは、より天然世界に調和したい、できれば動物みたいに山で自由になりたい、せめて一〇〇年前の昔の人みたいに登って、

沢では石から石へ素早く足を運びます。滑るかどうか足裏感覚が活きます。

山と密着する沢歩き。10ｍの滑り台を落下して深い滝壺へ。

山に対する畏怖を感じたいと思うからです。つい数十年前まで、すべての人は硬い靴など履かずに日本の山を歩き回っていたのです。

変わってしまったのは人の心の持ちようだけなのです。山の中は自由です。だからこそ、せめて「不便」な道具を使う方法で登りたいというのが私の願いです。不便は不快ではなく楽しいものなのです。それに、不便なばかりではありません。地下足袋には以下のようなやめられない利点があります。

山を地下足袋で歩くとモゴモゴした苔の上や、ふわふわした地面を踏み締める喜びが、薄い足裏から直接伝わり、本当に気持ちが良いのです。地面の凸凹が足裏のツボを押すのでしょうか、一〇時間以上歩いても登山靴のように脱ぎたくなりません。人の疲労回復のツボが、足裏に集中していることに意味があったとよくわかります。逆に凸凹がないアスファルトの舗装道路はどうしても疲れきってしまいます。今の日本で、舗装していない道を延々歩いて行ける場所は、山の中くらいしか残っていないのです。

また、靴のように濡れるのを心配する必要がありません。地下足袋歩きは濡れて当たり前です。じゃぶじゃぶ沢を渡渉し、泥沼の中をヌルヌルと進めばいいのです。

おニューの登山靴が汚れたり濡れたりするのは気になりますし、中に泥が入ったら困ります。でも地下足袋は汚れを気にしなくて結構。ぴたっと足に張り付いていますから、中に泥なども入りません。行動を終えたら、濡れた足袋を脱いで、乾いた靴下に履き替えます。

山に登るのは、人と天然世界との間にできてしまった殻を一つ一つ取り払う喜びを知ることではないでしょうか。地下足袋は、まさに天然世界を足裏の感覚でとらえられるのです。防水潜水服ではなく、フンドシ一つで海を泳ぐようなものです。

地下足袋は外国で履くとかなりうらやましがられます。忍者の足みたいだと、よく写真を撮られます。売ってくれないか、と言われたこともあります。やはり一押しの根拠は、立ち姿、歩き姿が格好良いという点です。脚絆《きゃはん》と併せて、脛《すね》をぴしりとまとめれば、ズボンの裾も引っかからずに歩けます。

また地下足袋ほど軽い靴はありません。足取りも軽く自由な感覚で歩けます。それに軽いので用途別に何足も持てます。沢用にフェルト底の地下足袋、藪漕《こ》ぎと下山道用にスパイク地下足袋、冬季など入山するまでの町用、天場リラックス用に足袋靴、と何足か履き替えを持っても軽いものです。靴と違ってぺちゃんこになるので持ち運びにも便利です。

地下足袋紹介

〈沢用フェルト底地下足袋〉

一九八〇年代までは、沢登り用フェルト底シューズというものはなくて、ゴム底地下足袋＋わらじか、ゴム底地下足袋＋フェルト製わらじ、もしくは札幌の登山用品店、秀岳荘で売っていたフェルト底地下足袋だけでした。これは、底にフェルトを張り付けた沢登り用の地下足袋です。ゴム底ではすべりやすい濡れた岩で摩擦力を発揮します。

これは一九九九年に一度生産中止になったのですが、私の出身の地質学教室を含む地質調査業界に根強いファンが多く、署名活動で復活を果たしたという経緯があります（当時は二三〇〇円だったと思います）。

滝を登るとき細かい足がかりなどで指先をねじ込んで登るような感覚は、先割れの地下足袋でこそ味わえるものです。

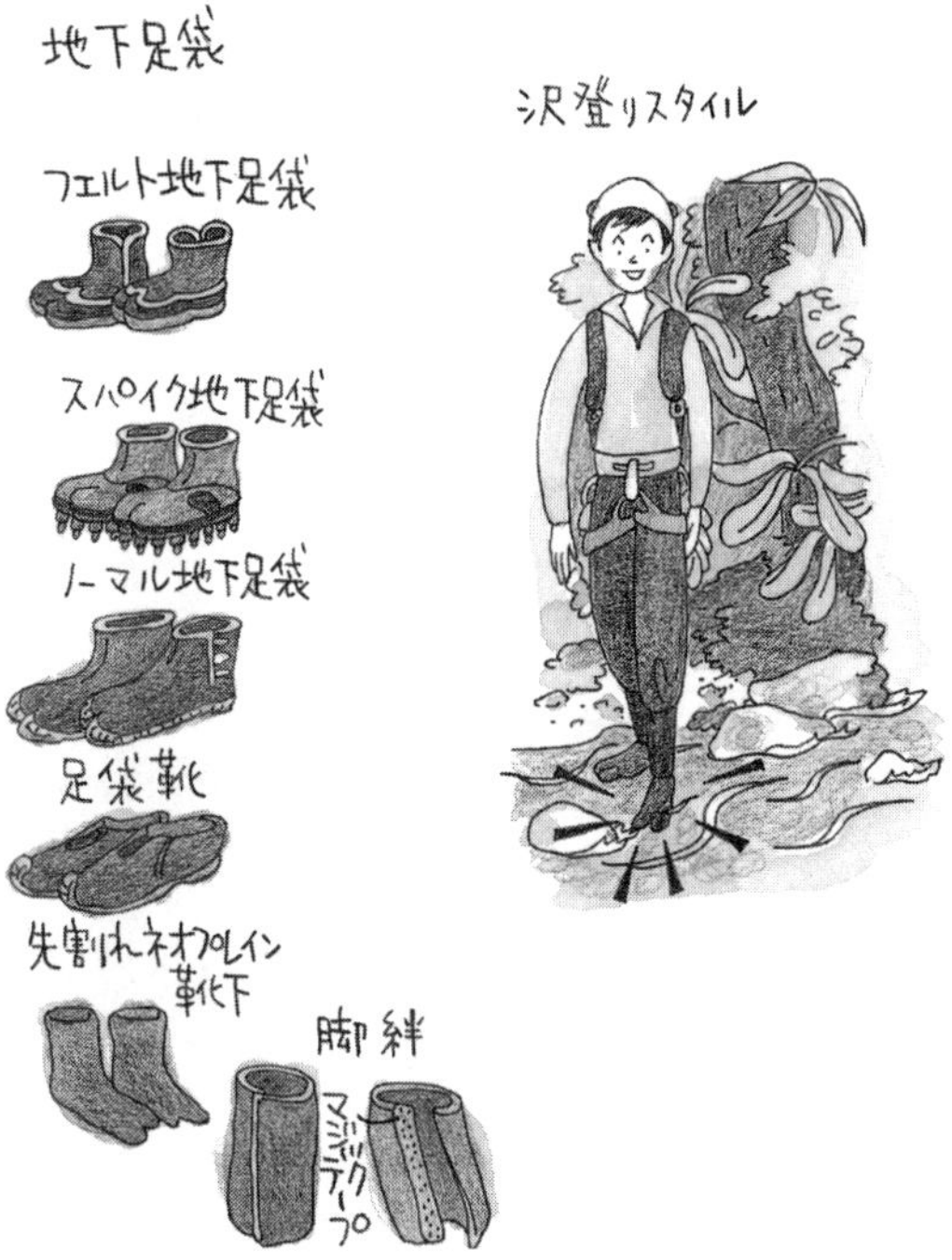

私はさまざまな地下足袋を使い分けています。軽いしかさ張らないので持ち運びにも便利！

〈スパイク地下足袋〉

フェルト底地下足袋で沢をつめた後、急な登山道や、笹藪《やぶ》でツルツルの急斜面や、どろどろの草付きや、あるいは残雪の硬い雪渓を登り下りする際によく効くのがスパイク地下足袋です。濡れた倒木の上でも滑りません。私は登山道歩きでも使います。但し、硬い岩の上ではキキーッと音を立てて滑ることがあります。沢登りでは使えません。

よく、自然に対するダメージが云々《うんぬん》と言う人方もありますが、地下足袋使いでは、登山靴のような無神経な足運びをしないものです。傷をつけたくない木の根っこを避けて足を運べるようになるのが、地下足袋使いの神髄というものです。沢をつめて水が消えたら、スパイク地下足袋に履き替え藪に突入します。板張りの山小屋やタタキの土間に入るときは当然脱ぎます。

〈足袋靴〉

地下足袋メーカーが作っている地下足袋生地のズックで、軽量だしぺちゃんこになるので天場でリラックスするとき、入山前と下山後の履物として（車に戻ってくる往復山行ではなく、山向こうに縦走するなら、軽い靴なので持って行けます）、冬山入山のアプローチシューズにと、とても使えます。子供の授業参観日の上履きや、海外旅行の機内シューズ、セカンドシューズにもなります。

私は今や、普段履きのメインシューズに使っています。作業服専門店で六〇〇円くらいです。メーカーによって足袋靴、タビック、建さんなどという名で売っています。

〈付属品　脚絆と先割れネオプレン靴下〉

地下足袋には、小ハゼがたくさんついた脚絆兼用のものもありますが、汎用性を考えると、足首までの三枚小ハゼにしておいて、脛は脚絆でくるむのが良いと思います。また、脚絆は小ハゼ式が格好いいのですが、これは滝壺などでバタ足で泳ぐと、外れて流されてしまうことが多く、よく失くしてしまいます。野暮ですがマジックテープ式のものにしています。泳ぎでも藪漕ぎでも失くしにくくなりました。

沢登りなら中に履くソックスは、先割れのネオプレン素材の靴下が断然お勧めです。

これが発売される前は、先割れは、木綿の軍足しかなく、寒い朝に濡れた冷たい軍足を履くのが嫌でした。これができてから二日目の朝の冷たい苦行がなくなりました。保温性が抜群で、冬、沢登りしてそのまま稜線で雪の中をラッセルしてもそれほど冷たくありませんでした。保温、速乾、クッション性に優れた夢の靴下です。

3　流儀その二　山では焚き火をします

焚き火のエネルギーは強力です。お湯はあっという間にカンカンに沸き、ずぶ濡れの衣服もぱりぱりと乾きます。一日の終わり、厳しかった渓谷遡行の緊張感や明日の危険地帯突破への不安もいっとき和らぎ、心を温めてくれます。

そして橙色《だいだいいろ》の火を見て仲間と語り、歌ったり踊ったり、黙って思索したりする時間の尊さは何ものにも変えがたいです。マッチ一本、カンバの皮一枚で火をおこせる技術は素晴らしい。古来、人が伝えてきた営みに思いを寄せるひとときでもあります。ぜひ焚き火をして山と融和して欲しいと思います。

焚き火をしていいのか？　とよく問われます。

焚き火に限らず、山でそんなことをしてはいけないのでは？　と思われている行いがいくつかあります。しかしそこには混乱があると思います。丁寧に書きますからゆっくり読んでください。

登山道や山頂や山小屋付近は、「山」とはいっても町と変わらない場所です。誰かが通ることを前提に誰かが整備しているところですから、一見「山」のようですが、たくさんの人が行き来する「公園」のようなものだと私は思っています。そこでは公園利用者にふさわしいふるまいをするべきだと思います。そういう場所を「山」だと思っている人は、とても多いかもしれません。しかし、これまでの話で触れてきたように、山と呼ばれる広い地域の、ほんの点と線（山頂と道）だけを指して「山」だと思っていませんか。それは広大な山岳地帯の一部に過ぎず、ここでいう本当の「山」ではありません。焚き火は公園ではなく「山」でするべきだと思います。

山での焚き火には大切なきまりがいくつかあります。まずは山火事にならぬよう、必ず水のあるところでしましょう。夏なら沢のほとりが適しています。昼間は炎が見えにくいので、乾いた枯れ葉があまりに多い所や風の強い日は避けましょう。

焚き火跡をなるべく残さない配慮も大切です。そのため場所は流れ際を選びます。砂地や礫《れき》の転がる所などは焦げ跡も残らず適地です。

露岩や土の上でやると焦げ跡が残るので避けます。後から来る人に、なるべく自分が来たときと同じような手つかずの風景を残したいと思うからです。山の中の沢というのは、実際に見る人は少ないと思いますが、悪天豪雨のときには、凄い災害現場になります。軽自動車ぐらいの大岩が火花を散らして流れ下るのを見たことがあります。そういう所ですから水辺の焚き火の跡など、すぐになくなってしまいます。

積雪期ならば、雪の上でできます。「公園」からは離れた場所、雪が解けたら「公園」とは離れた藪の中になるような場所でやるのがいいと思います。

焚き火点火のしくみ

火をつけるしくみです。太ももの太さの薪、腕の太さの薪、鉛筆の芯の太さの薪、指の太さの薪の四種類くらいを前もって拾って分けておきます。それから焚きつけにダケカンバの皮。最終的に「太もも」の太さの薪に炎をあげさせ、表面を赤く光らせます。

初めにダケカンバの皮から火をつけます。カンバの皮は雨の中で濡れていても三〇秒から一分くらいは勢いよく燃えてくれます。それが消えるまでの間に「鉛筆の芯」の太さのを赤く燃やします。量はインスタントラーメンにして一〜二人分もあれば、頼もしいです。これは二〜三分燃えてくれます。そしてそれが燃え尽きる前に「指」の太さに……と、順番に火をつないでいきます。順序よく行えるように初めに太さごとに分類し、互いによく熱が伝わるように平行に並べ、すきまなく組んでおきます。

そして大切なことですが、薪を組んで火をつけたら、触りたくてもピタゴラスイッチやドミノみたいに触らないことです。まして複数の人で薪を載せたりしていじり始めると、火はなかなかつきません。一人に任せて、「指」の太さの薪に火がついて赤いオキになるまでは触ってはいけません。

初めは火が弱いので、風が当たって消えないように後述のお風呂マットを立てて防風しましょう。途中で消えたら、また消えたところから始めます。「鉛筆芯」太に、「指」太にと、ひとつでも先に赤いオキがつけば進んでいきます。「指」の太さのについた後は扇《あお》いだり風を送って火を盛り上げても大丈夫です。

焚きつけ

初めにマッチで火をつける焚きつけとして、最も効果あるのはダケカンバの皮で、「ガンピ」と呼んでいます。これは欲しいときにあるとは限らないので、歩いている最中見つけたら、拾っておきます。生きている木の皮を剝ぐと木が痛がるので、倒木のものや、強風で飛んで落ちているものを拾いましょう。残雪期などは雪の上にたくさん落ちていますし、倒れたてホヤホヤの倒木からは一年分の焚きつけがとれます。ナイフを出してイソイソ剝きましょう。

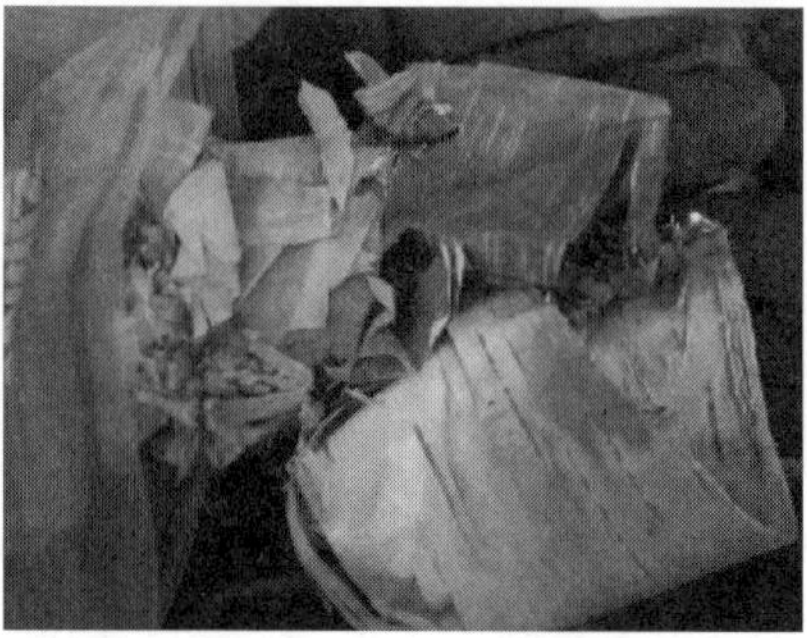

ダケカンバの皮

ガンピの燃える匂いは焚き火のときの儀式のようなもの。メタやエスビット（固形燃料）や文化焚きつけを使うと、焚き火の神聖さが多少落ちますが、急ぎのときはやむをえません。他にも緊急時に焚きつけに使えるものとして、ガムテープ、お菓子の包装ポリ袋なども三〇秒くらいは燃えてくれますが、いやな臭いがします。

よく燃える薪

沢や海岸で水に浸ったのち河原に転がって乾いている白やクリーム色になった流木がよく燃えます。根っこごと流木になったものは鉛筆の芯の太さで骨みたいになった枝がたくさんくっついています。これも余さず収穫します。焚きつけに欠かせないこの細い枯れ枝や枯れ根は、河原の大きな岩の下の陰になっているところなどに挟まっていたり、岸辺の立木の下の、少し洞窟みたいになっているところにたまっていたりします。増水のときに集まって残されるせいでしょう。しかも雨に濡れず乾いているのでまとめて拾っておきましょう。

冬なら立ち枯れの針葉樹の木を倒して薪とします。生きている針葉樹の枝の、下の方は、日が当らないためか枯れてぽきぽきになった小枝がくっついています。これもよく燃えます。

薪切りノコギリで長さ一m以内くらいにそろえて組みます。焚き火最大のコツは、道具や技術ではなく、いかに点火初期に必要なよく燃える細い薪をたくさん見つけるかです。どんなのが燃えて、どんなところに落ちているかを知り、天場に着く少し前から見つけて拾っておきます。生木だけではなかなか火はつきません。

組み方

いろいろと流儀はあるでしょうが一例です。

「太もも」太には、最後まで火床として鍋を載せる台にします。その上に「腕」太を並べ、ここまでが火床となります。その上にガンピを敷いて、その上に「鉛筆の芯」あるいは鉛筆太、そして「指」太を平行に並べます。ドミノみたいに仕掛けましょう。ガンピに火をつけ、燃え上がったら、上の指太が燃えるまで見守ります。風が強ければお風呂マットで防風し、火床が燃えてきたら、マットで扇ぎます。お風呂マットはしなりを効かせると少ない力で扇ぎ続けられます。

雨で焚き火をあきらめるなんてもったいないです。タープの下で焚き火をすれば、ずぶ濡れの体がよく乾きます。タープというのは一枚布の幕で、ツェルトのジッパーを開

くと一枚布になるタイプもあります。タープは片側を上げ傾斜をつけて、炎で燃えないように少し高い位置に張ります。

薪が濡れていると火をつけにくいけれど、乾いた「鉛筆芯」太の薪と焚きつけさえ見つけられれば大丈夫です。ガンピは手持ちを出し、細い焚きつけは前述した、ぬれていない場所に溜まっているものを探します。「太もも」太や「腕」太の流木は表面がぬれていても中は乾いているので、その上で燃やしているうちにやがて乾いて火がつきます。

「腕」太の薪を二〇cmくらいにノコギリで切って、鉈で縦に割り、割り箸のようなものをいくらか作ると、乾いた焚きつけが作れます。鉈がなければオピネルのナイフを当て、薪で作った「こん棒」でナイフの背を叩いて、くさびを打ち込んで割ります。ナイフで削れば焚きつけにする乾いた木くずもすぐ作れます。

一度天場を離れ、また帰る間に雨が降りそうなときは、「太もも」太の焼け焦げた面を裏返しにしておいたり、フキの葉をさかさにしてかけておくと、留守中雨で濡れず再び火をつけやすいです。眠るとき一度消して、翌朝点火するときも同じです。その際、焚きつけは夜の雨に濡れないようフキの葉をかけるか、タープの下に入れておきます。翌朝の火は扇ぐだけですぐにつきます。

鍋は吊り下げ式を使う

火がついた「太もも」太や「腕」太の薪を平らに安定させ、その上に鍋を置いて料理します。片手鍋式のよくある鍋だと、強烈な炎で取手の樹脂が融けてしまいますし、熱くなってしまって持てません。焚き火には取っ手が吊り下げ式のアルミ飯盒《はんごう》が一番です。熱くても吊り下げに後述の「モテギ」を引っ掛けて、簡単に火に載せたり下ろしたりできます。万が一、土台が焼け落ちて、鍋がひっくり返っても、飯盒ならば蓋が簡単に開かず中身を失わずに済みます。これが案外、よくある出来事です。

伝統的な陸軍ソラマメ型の他に、丸形飯盒大中小三つセットなどもあります。蓋が食器に使えて便利です。

鍋は木のヤニが焦げ付いてギトギトになるので、汚れても平気なスーパーのポリ袋などを用意しておいて、ザックの中にパッキングします。沢でいちいち洗うのも大変です。このヤニの匂いがまたいいのです。

いま主流の、軽さがウリで高価なチタンの鍋は、焚き火でお勧めできません。一度やってみましたが、チタン素材は熱伝導率が低いので料理が焦げやすい上、焚き火のような高温にかけると、熱の伝搬のムラが、膨張のムラになったのか、少し変形してしまいました。またアルミ素材にフッ素樹脂の表面加工したフライパンも、高熱には弱いようで、コーティングの威力が落ちるようです。新品ではやらないほうがよさそうです。焼き物は鉄のフライパンがいいのでしょうが、重そうなので山ではちょっとできません。でも最近は、小形の鋳物フライパン（スキレット）がはやっていますね。これなら持って行けるかもしれません。

焚き火に必要な道具　「モテギ」を作ろう

飯盒をひょいひょいととれる棒を作りましょう。図のように長さ六〇cm太さ二cmくらいの枝でひっかけ部を持った棒を作ります。熱い、煙い飯盒を、簡単にとって、茹《ゆ》で加減を見られます。モテギの先を鍋の蓋に触れさせると沸いているかどうか振動でわかります。これを私に教えてくれたのが台湾での沢登りの先駆的集団、海外遡行同人代表の茂木完治さんという、沢登りの大先輩でしたので、私はその名をいただいて「モテギ」と呼んでいます。

焚き火の道具はノコギリ、ナイフ、お風呂マット（ウチワ）です。

焚き火の道具

〈ノコギリ〉

「太もも」太の流木を切断するには、刃渡り三〇cmほどある樹木剪定《せんてい》用のノコギリ、シ

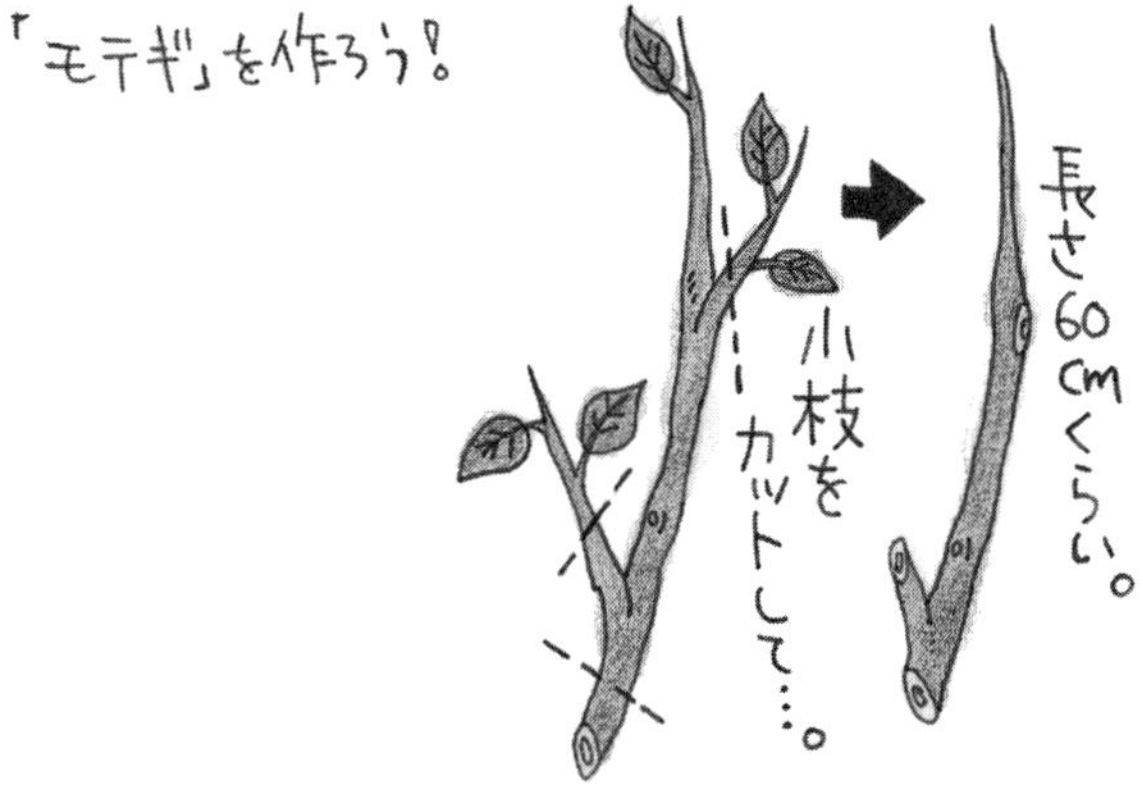

飯盒などを持ち上げるのに使います。

ルキー社のゴム太郎やゴムボーイなどがお勧めです。ホームセンターなどで売っていま
す。ノコギリがあると、枝や流木で物干しを作ったり、焼き物台を工作したり、いろん
な仕事ができます。長く切れ味を保つには家に帰ったらなるべく早く水分を拭いて、目
に詰まったおがくずを歯ブラシで取り、機械油を塗っておきましょう。ノコギリは、冬
季のイグルー製作の際にも大活躍をします。私の山登りでは、一人一本の個人装備とし
て、欠かせない道具です。

〈ナイフ〉
ナイフは、柄が太くて折り畳み式、炭素鋼のナイフ。たとえばオピネル社の一番安い
カーボンフォルディングナイフがお勧めです。ステンレスは切れなくなったとき砥《と》ぐの
が難しいのですが、炭素鋼は砥石で研げばすぐギラギラに戻ります。さびやすいけど砥
ぎやすいのです。私は、これで刃物を砥ぐ楽しみも知りました。
料理にも使います。魚を釣ったら捌《さば》きます。切れ味の良さはこういうときに感じてく
ださい。焚きつけのところでも触れましたが、木目に縦に刃を置いて、こん棒で背を叩

けば、鉈のように材木を縦割りする使い方もできます。

ナイフは、周りに転がっている薪や枝を使って、いろんな調理道具や工作物を作ることができます。炎と刃物。日常の暮らしで遠ざかってはいませんか？　人類が長く続けてきた営みです。きっと焚き火の傍らでのちょっとした木工工作でも夢中になると思います。

ところで基本中の基本ですが、刃物を使うときの注意です。ナイフにはなるべく力を込めるような使い方を避けること。力を入れずに切るには、鉈《なた》のように押して使うのではなく、ノコギリのように刃を前後にひいて使います。力を入れてナイフを扱うときは、刃の通り道に左手を置かないこと。山中で大怪我をすると、厄介です。慣れていない人が山でいきなり使って怪我をするといけないので、普段から料理で慣れるのが先かもしれません。まずはリンゴの皮むきくらいはスルスルやってみましょう。


〈マット〉

焚き火を扇いだり、就寝用に敷いたりします。ホームセンターで売っている安いお風呂マットをお勧めします。市販の物を半分に切ると六〇cm×四五cmくらいになり扱いやすいです。焚き火の脇での座布団にも手頃だし、ザックの中にもタテに入るので、甲羅側に入れてパッキングするとザックがきれいに整います。エアマット（空気でふくらますマット）では扇げません。そればかりかパチパチ火の粉が飛んで、エアマットの上に落ちたら穴があいてお陀仏になります。特にカラマツはよくはじけるのでご注意。焚き火をする山行では、火の粉で穴があいて泣くような立派な服は着ない方が無難です。扇ぎ道具は、もちろんウチワでもOKです。

〈焚き火食〉

簡単な物を紹介します。ナイフで細く尖らせた枝先にソーセージを刺して、腰を下ろして遠火であぶって、皮がひび割れて油がじゅっと出たところでかじります。うまいです。同じようにチーズを焼くと表面がカリッと焦げ、中はとろりん、ハイジの食べていたあのチーズが食べられます。おいしそうにとろけたところで火に落とすことが多いのでご注意ください。

また、パンの生地をポリ袋に入れて持って行って、細長く伸ばし、枝の先を一五cmほどナイフで皮をむいてきれいにしたところにくるくる巻いて遠火であぶるとパンが焼けます。青森に住んでいたときに知りました。小学校や幼稚園のイベント等で子供に大人気の「棒パン」と言います。

〈脇で眠る〉

焚き火の脇でシュラフカバーでゴロ寝することもあります。天の川や流れ星を見て眠ります。

火が消えると寒くなって目が覚めますから、枕元にはすぐにくべられるように薪を用意しておきます。三時間に一度くらいは薪を足します。山ではそのくらいの頻度で目を覚ますと思うので、そういうものだと思えば特に苦になりません。背中を火に向けて眠ると全身が暖まると、マタギの人が言っていました。夏でも明け方は寒いものです。薄い毛糸の帽子をかぶって眠ると温かく、安眠できます。寝相の悪い人は火傷しないように注意しましょう。

また、夜中に雨が降ったとき、寝ぼけていても避難できるよう、増水の心配のないところにあらかじめタープを張っておきます。逃げるときのため、食器などの細かい荷物も、横になる前にタープの方に運んでおきます。

もちろん雨が降り出したら中流以下の河原は危険なので、寝ていてはいけません。沢登りの天場は、上流部の急な降雨による突然の増水、「鉄砲水」が及ばない場所、そしてより高いところに登って逃げられるところを選びます。寝ている間に鉄砲水に流される死亡事故は、何年かに一度は起きています。

〈後片付け〉

天場を去る際は焚き火に何度も水をかけ消火し、燃えかすを水に投げ込んで完全消火してから去ります。いずれ豪雨増水があれば、河原の焚き火跡は、きれいさっぱり消えてなくなります。

雪山なら大きく陥没した焚き火跡に雪をかけ、埋め込んでおきます。

燃え残りのアルミ箔《はく》など小さなものも持ち帰りましょう。

〈救助を待つのろし〉

もし怪我で動けず、ヘリの捜索を待つような場合、焚き火の煙は空からよく見えるのではないでしょうか。上から見ると、手を振ったくらいでは全然わかりません。その場合、針葉樹の生の枝を炎に入れると、葉がばちばち燃えて、すごく豪快に煙が出ます。お正月の門松やしめ縄を燃やす「どんど焼き」で覚えがある人もいるでしょう。

〈焚き火から遠く離れて〉

九〇年代以降、家の庭で焚き火するとダイオキシンが出ると、近所に煙たがられるようになりました。今では田畑で稲わらを焼く野焼きも迷惑扱いです。しかし火の扱いを忘れ、安全安心便利な暮らしばかりで天然世界との生身の接点を忘れては、どこか平衡がとれないのではないでしょうか。適切に火を扱い、適切に刃物を使う機会は、人にとって欠いてはならない長く続けてきた行いだと思います。私は毎朝、家族の朝食を五〇分かけて作ります。現代の日常生活では、火と刃物を扱う機会が料理のときだけなのですが、その時間がとても好きです。その料理も、うっかりすると電磁調理器で火も見られず、魚も切り身でしか売られていないようなことになってきています。

江戸時代の医者で紀行家、橘南谿《たちばななんけい》の『東西遊記』のなかで、暗い山道を歩くことになった旅人が、山中で心細かったところ一休みして焚き火すると、その陽気が体に充ち、小躍りまでして「小唄など歌ひつつ」元気を取り戻して山を下りていくという一文がありました（『江戸の紀行文』板坂耀子より）。山登りで焚き火をするときに感じる気持ちと全く同じものを、何百年も前の紀行文に見つけました。

一〇〇年前の極東ロシアで探検家を案内する先住民の男、デルスウ・ウザーラは、焚き火をするとき死んだ妻や子供たちに「そっちは寒くないかい、お腹はすかしていないかい」と語りかけていました（『デルスウ・ウザーラ』アルセーニエフより）。死者と対話する、というのは人だけがすることです。人だけは、死んだ人をいつまでも忘れず、話しかけたり、ご飯をお供えしたりしますね。焚き火には、そんなことを思い出させる根源的な力もあると思うのです。漆黒の中で火を見ていると、死んだ友達と語ることもできるのではないか、と私は思います。

国立公園と自然公園法と焚き火のこと

山の国立公園は自然公園法で四つの区域に分けられます。特別保護地区と三つの特別地域（第一種特別地域、第二種特別地域、第三種特別地域）の四つで、焚き火が禁じられている（正しくは「許可が必要な」）ところはこのうち最も保護の必要の高い「特別保護地区」だけです。

この四つの色分けは具体的には環境省の各地の自然保護事務所や環境省関連のビジターセンターなどにある地図を見て確認します。一例として山梨県域に関しては、県のHPから見ることができます。これを見ると、焚き火ができない特別保護地区は、ほとんどが森林限界に近い場所以上です。通常の沢登りでは泊まることのないような、また焚き火なんかしたら土壌の回復が難しそうだと一目でわかりそうな箇所ばかりです。増水で頻繁に岸辺が流され流木がごろごろしているような沢の中流、下流域の焚き火適地は、含まれていないと考えてよいと思います。

ただし、法的な規制区域外とはいえ、人の多い場所、車が頻繁に通る場所でやれば、

「国立公園内での焚き火はすべて禁止」と思っている人に不愉快な思いをさせますから、これはやめたほうがいいと思います。焚き火は「公園」ではなく、「山」でやりましょう。

この法的な事情は、山の管理者としては、禁止にはしていないが、できればやってほしくはないという「灰色の」状況下で、主に沢登りをする登山者がかろうじて許されている状態です。無茶をして山火事になどなれば、どのような規制が行われていくかわかりません。「登山者には焚き火をする権利がある」などと主張する気は毛頭ありません。どんな土地にも管理者があり、その立場にはそれなりの都合があるのですから。

人目を忍んで密やかに、ささやかにお願いしたい、というのは、隠れてくださいというだけの意味ではありません。車でたくさんのキャンプ道具を持ち込んで、河原にまで大きなタイヤの車で乗り付けて、便利な道具に囲まれてする焚き火というのは、歯止めが効かないものです。私は、持ち込む道具は人が背負える範囲のものに抑え、少なくとも自分の足で一時間以上は歩いて分け入った「山」の中で、天然の川のほとりでとれる、身体を動かして集められる程度のささやかな薪で焚き火をしてほしいと考えています。

その焚き火によって回復不能なダメージを受けるような環境なのかどうかを、いつも確かめる目を養ってほしいと思います。山に対する敬意を忘れないでほしいのです。

本当の山登りの価値って？

焚火を禁じる法令は自然保護法の他にもいくつかあるようです。世界遺産登録地域にはまた別のルールがあります。私の知る限り、白神山地（青森県、秋田県）では自然公園法の規制区域とは関係なく、全面的に焚き火を禁止し、指定のルート以外への立ち入りも禁止（正しくは許可が必要）というものです。世界自然遺産が日本で指定され始めた比較的新しい時代のきまりで、国立公園法に比べると、かなり不寛容な内容です。

白神山地は景観的には地味で名だたる名峰もなく、国立公園でさえありませんでした。世界遺産指定前には、強い批判にもかかわらず国は長大な林道の建設を計画していたくらいです。マタギが伝統的に生活のために山を利用してきた白神には、手つかずの自然などではなく、谷や尾根にマタギが上手に利用してきた地図にない道がたくさんありま す。そうした道は、地元の沢登り登山家たちによってかろうじて継承されてきたのですが、世界遺産登録とともに立ち入り禁止となりました。もうマタギはいないからといっても、その生業の跡も含めて継承してこそ世界遺産だと私は思うのですが。

整備した安全な登山道か、一切立ち入り禁止の聖域か、管理する側はとかくそういう風に考えがちかもしれません。しかし山を楽しむ立場からいえば、本当に楽しい山登りは、そのあいまいな、「あわい」のところにこそあるのです。だからこそ、世界遺産や百名山のように人が押し掛ける場所ではない、「B級の山」を、私はお勧めするのです。山に深く交わり、山と人との「間合い」を測れる人が増えなければ、その地域がなぜ世界遺産としての価値があるのかさえ知ることはできないと思います。全面的な入域制限や焚き火制限のもとで、観察コースではない深い山に何日もかけて分け入ったこともなく、適切な焚き火もできない人たちばかりになったら、どうやってその深い山の価値を知ることができるのでしょうか。

4　流儀その三　イグルーで山行です

イグルー登山は、「冬山天然山行」の技術です。

「イグルー」(igloo)という言葉を知っていますか? 北米の北極圏先住民、エスキモーやイヌイットが住むあの白いドーム住宅です。

英語アクセントは「イ」だと思いますが、日本語的には「グルー」に置くことが多いようです。

立派なイグルーを作るのは大変ですが、私が山で実際に作っているイグルーは本場のものと違って一時間以内で作る簡単なものです。ブロックを倒れないようにかろうじて積み上げ、やがて雪同士がくっつくという特性を使って固まってもらうものです。これで案外丈夫なもので、ほとんど壊れることはありません。北大山岳部時代から続けて三〇年ほど、これまで一〇〇近く作って、泊まっています。寒さが厳しい冬で、風の強い高い所ほど簡単にできます。

イグルーを山登りで実践する人はなかなかいないようです。確かに初めは作るのにコツが必要です。

雪がたりないとか、寒そうだとか、壊れそうだとか、テントの方が楽で快適だと、山で作ってみても作っただけで泊まらない人が多いようです。しかし、ここまで私の話を読んでくれた人ならば、イグルーが、便利な装備を山に持ち込まず現場の材料でやりくりする「天然登山」らしいやり方だとわかってくれるでしょう。

テントを持たず山に行ってその場にある雪を使い、身につけた技術で泊まって帰る。自由な山登りの楽しみを見いだせる技術です。山に登るとき、道具をひとつ減らす度に身体の技能が上がり、山にあるものをよく見るようになると、私は思います。テントを持って行かずにイグルーを積むことで、より雪と対話し、雪を見る観察眼を身につけ、より山に深く浸れるというわけです。

雪の状態、性質は実に多様です、このあと詳しく書きますが、実はあまり実用的に書ける自信がありません。雪の性質は毎回違い、それを表す適切な単語もなく、対処法がその都度違うのです。まずはイグルーを作るために雪を知るのが大切です。多様といえば、降る雪の結晶をよく見たことがありますか？　これも多様です。その形と大きさで、どんな高さ、どんな遠い雪雲から落ちてきたのかを言い当てる人もいるのです。北米先住民の言葉には、いろんな雪を表す言葉があるようです。新潟県の豪雪地にも、さまざまな雪を表す言葉があると聞いたことがあります。

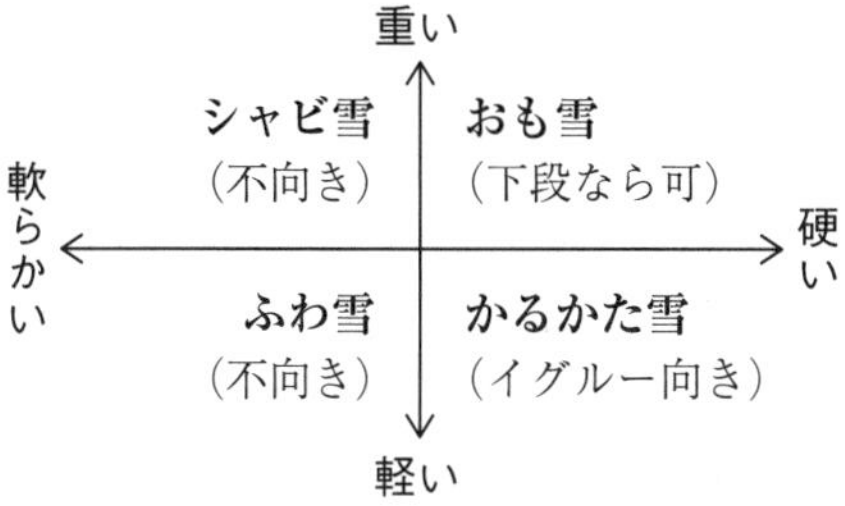

言葉はそれを共有する人があって初めて流通するもの。たとえば、イグルーを作る時「おも雪」、「かるかた雪」「ふわ雪」「シャビ雪」なんて言葉があれば説明も早いかもしれません。

前に書いたように炊事用ストーブを持たずに焚火だけで炊事する長い山行をすると、どんな木がよく燃えるか、どんなところに燃えやすいものがあるか、どうすれば火がつけられるかを知り、それまで山を歩いても見えなかったものが見えるようになります。

テントをやめてイグルー、ストーブをやめて焚き火、これが「天然登山」の流儀です。そうした理念だけではありません。イグルー技術はテントや雪洞《せつどう》（吹きだまりに掘る横穴）と比べて優れた点がたくさんあります。身につけるのに少し練習が必要ですが、できるようになれば簡単なもので、一生忘れない技術です。猛吹雪の中、低体温症で死なずに済む、確実で力強い生存技術でもあります。最も厳しい冬の登山をする人にこそ役に立つ技術だと思います。

イグルー作りで大切なこと

私も初めのころはどんな雪も踏み固めてブロックにしていました。でも踏み固めて作った雪は密度が重いので、下段部（一段目か二段目）の土台用にしか使えません。中段、上段部で密度の重い大きなブロックを積むと、不安定で崩れやすく扱いにくいのです。いろいろと試行錯誤をしてきましたが、冬山登山の宿として一時間以内で作る実用的なイグルーでは、切り出しやすく、積みやすい雪質を見抜くのが、何よりも大切です。わざわざ踏み固めなくても密度が軽く、強度のある「かるかた雪」の雪層を探すことです。

そういう雪質は、標高が高く、風が強い所ほど容易に見つかります。たとえば歩いて潜るような降りたての柔らかい雪の所なら、表面の新雪を払ってどけたその下にある雪層は、適度に圧迫されていて、具合の良いしまり具合です。もしくは雪庇《せっぴ》など、吹きだまりのところにできる、風で少し固まった雪が最適です。

そうした雪層を探し当てたら、細長くて軽いブロックを切り、壁の中段や上段（三段目以上）で壁の傾斜を強めて積むところや屋根部分に使います。ノコをギコギコしないと切れないようではまだ硬い（重い）雪です。本当に良い雪は、さっと日本刀で切るように切れ目が入ります。ブロックのかたちが、細長い（直方体）ほうが有利なのは、たくさんの消しゴムで直径二〇㎝ほどのイグルーを組むことを想像すればわかるでしょうか。転がりやすいサイコロ状のブロック（立方体）で組むより、消しゴムのような長細い直方体のほうが安定して積み易いのです。長細いブロックは長辺を雪の層に平行に切りだすと、ブロックの強度も強くなります。

イグルー、雪洞、テント比較ではいずれもイグルーの勝ちだと思っています。

イグルーを、多くの冬山登山者が使う雪洞やテントと比べてみましょう。

イグルーは軽くて安全

まずはテントの重さ分、荷物が軽くなります。その分疲れずに登れるので、行程の進め方の選択肢が増えます。山では、軽量で速く移動できれば、それだけ危険地帯の滞在を短くできます。

テントは風や積雪でつぶされる可能性が常にあります。イグルーにはそのストレスがありません。幕一枚のテントに比べイグルーの雪ブロックの壁は防音、防寒、防風能力が強く、風雪厳しい夜の安らかさは、テントとは雲泥の差です。幕一枚のテントは、火を消せば外気温とほとんど変わらず、氷点下二〇度ならそれに近くなります。

しかしイグルーは厚い断熱の雪壁が外気を遮り、中は0度前後の温かさです。遮音性も強く、風の音もかすかになります。テントは積雪によって吹きだまりがのしかかってきます。それを放っておくとつぶされますから降雪中は夜中でも延々雪かきが必要です。

イグルーはただ埋まるだけで、ますます静かに雪に包まれます。また雪洞の完璧な壁に比べイグルーは穴だらけですが、人が寝る部分は地下のタテ穴部分に当たり、隙間風は天井近くを吹き抜けるだけで、それほど寒くもありません。雪洞にはできない換気ができる、と良い方に解釈もできます。

イグルーはどこでも泊まれる

雪洞を作るには奥行きも厚さも二m以上、雪の吹きだまった場所が必要です。このた

＊イグルー、テント、雪洞の比較表

	イグルー	雪洞	テント
製作所要時間（3〜4人で）	40〜60分	120分	40分（たたむ時間、壁積時間）
耐風性	安心	安心	不安
耐寒性	0度前後で安定	0度前後で安定	外気温とほぼ同じ
積雪に対して	安心	安心	頻繁に除雪が必要
場所	積雪50cm以上ならどこでも	雪庇など積雪2m以上に限られる	天候次第で樹林帯に限る
荷物の重さ	無し	無し	テント（約2kg）
雪取り、トイレ	中で可	中で可	その都度外へ出る
密閉性（酸欠、明るさなど）	多少隙間があり少し寒いが調節可能	密閉度は高いが時に酸欠に。入り口に吹き溜まると昼でも真っ暗	開閉で調節

め作れる場所は限られます。また作れる時期も積雪の豊富な季節に限られます。テントは一見平らならばどこでも張れそうですが、それは天気が良い時だけです。冬山では風と積雪でつぶされる危険性を考えに入れて場所を選ばなければなりません。天候を読んで退路を考えれば、場所が限られます。悪天でもテントで耐えられるのは樹林帯だけです。樹林帯から遠く離れたところに張るなら、慎重でなければなりません。

これらに対しイグルーは、積雪が最低でも五〇cmもあればどこでも作れます。

悪天でつぶされる可能性がまずないので、直径二mの場所があって、悪天を寝て待つ日数さえ計画にいれていれば、絶壁の真ん中でも幅二mの細い尾根の上でも、尖った山頂でも作れます。テントでは躊躇《ちゅうちょ》するような、木の生えていない真っ白の領域でも泊まることができます。小さな山小屋を随時建ててしまうようなものです。

それで何がいいかと言えば、泊まった場所からは朝夕の絶景を見ることができるのです。もしテントで安全地帯に泊まるなら、朝夕のシャッターチャンスまでにまだ暗い中を登って来なければなりませんが、イグルーでは寝袋に入ったままでも絶景が見られるのです。

左ページの写真は傾斜が八〇度もある壁、利尻山南稜バットレスです。前日は延々腰の幅ほどの細い稜線を登って来てここに泊まり、この日は数百mの壁を登って山頂へ抜けました。そんな逃げ場のない一本道のルートでもイグルーなら泊まれます。下にいる人の左脇が、一晩を過ごした三人用イグルーです。見てのとおり、凍りついた岩壁の中の、ほんの少しの吹きだまりです。こんなに狭く、雪のわずかなところでも作れるのがイグルーです。

イグルー生活は快適

雪は断熱性、防音性が強く、外に比べてとても暖かく静かに感じます。寒くて風で揺れて不安なテントと比べ、安眠快適です。暴風の夜も静寂です。テントのように外で食用の雪取りの手間もありません。壁を削ってとります。トイレもなんと大小ともに中でできます。

その手筈《てはず》を紹介します。寝床では自分の幅五〇cmほどのスペース内では何をしても結構です。マットをめくり上げ、立ち膝をついて床の雪に向かって小便します（このとき、足がつると大ピンチです）。深い穴があくだけで、特に臭いは残りません。大のときは、やはり自分のスペース内に深さ二〇cmほ

どの穴をスコップで掘ってして、終わったら雪をかけて埋めます。その上にマットを敷いて寝転がります。ただし、大のときは、埋めた後も一分ほどは香りが残りますから、他のメンバーで、臭いをかぎたくない人は引き続き寝袋の中に頭を入れて、避難しています。悪天で閉じ込められたような状況なら順番にします。

二泊や三泊なら、これで凌《しの》げます。もしテント泊まりなら、トイレの度に、外へ出るので雪だらけになった人が狭いテントを出入りするので結構大変です。イグルーではこのように出発するまで外と出入りする必要がないので、保温のため入り口にぴったり雪ブロックなどで蓋をしてしまいます。

豪雪でつぶされるテントのように深夜の雪かきの必要がありません。中は雪洞のように暗くなく、ほどよい明るさです。ブロックの隙間に適当に穴があいているのでテントや雪洞のように酸欠の心配もなく、雪洞特有の湿気も溜まりません。更には煙草を吸う人も立って天井付近で吸うと、下で座っている人に煙が行かず分煙可能です。

私は以前は女性と雪山に行く機会など、ほとんどなかったのですが、近頃はイグルー講習山行などで時々あります。その場合は、ひょうたん型の要領でもう一個女子化粧室の小さいイグルーを作ることにしています。出入り口は小さく作って腹這《はらば》いで入る感じです。雪の壁だから音なども全く聞こえません。しかし北大の若手OGの中には、一緒にご飯食べて一緒に酒飲んで、一緒に眠っているにもかかわらず、別室ではなく同室で知らない間に小便を済ませてしまう大物もいました。私は女じゃないのでどうやっているのか詳しくはわかりませんが、見事なものです。

イグルーよりも技術的には簡単で、体力任せに掘り進めるだけの雪洞は、深く硬い横穴掘りです。作業の前半は入り口が狭いので交代で一人ずつしか掘る仕事ができません。たいてい二時間はかかります。

しかも寝転がったりしゃがんだりして掘る作業のため、汗もかくし、びしょ濡れになります。これに対し、イグルーは周囲から全員でブロックを集められるため、四〇分ほどで完成します。体も濡れず快適なものです。イグルーは作れる人が二人いれば更に早くできます。というのも、積む人以上に、その段に適した大きさ、強度、形状の適切なブロックを切りだす人に経験が要るからです。仕上げの二〇分（隙間ふさぎ作業）も同時に進めれば早いので、イグルー作りの心得のある人が複数いればもっと早く作ることができます。

テントを設営するには、風対策のためブロック壁を積む必要もあります。朝、強風酷寒の中、氷が張りついて小さく畳めなくなったテントを、風に飛ばされないように凍えた指先でたたんでザックに入れるのは厄介なものです。それらの作業を入れれば結局、テント泊も設営と撤収に合計小一時間はかかります。これに比べてイグルーなら、出発前には温かい室中でアイゼンを履いたり準備ができ、テントをたたむ苦労もなく出発できます。今でこそアイゼンはワンタッチで靴につけられますが、以前はテントの外で凍える手で厚い手袋をしたまま、アイゼンのベルトを締めていました。それは、新人には時間がかかって辛いものでした。待つ方はもっと寒かったです。

イグルーの作り方

さて、いよいよ具体的な作り方です。

一番のコツは、テントを家に置いていくことです。

イグルー術習得の早道はなんといっても、もしできなかったら困ると、山にテントを持って行かないことです。よく余興でイグルーを作って、夜は隣に張ったテントで寝る人がいますが、そういう心構えでは、手ぶらで山に行き、雪の中で眠ることの楽しみを台無しにしてしまいます。少々大袈裟《おおげさ》ですが「一〇〇％手作りの天場で、嵐を迎え撃つんだ」という覚悟で臨みましょう。もしうまく作れなくてもいろいろ裏ワザがあります。それは後で教えます。まずは自分で屋根までふさいでみましょう。

それから、山で実用に耐える技術を目指すなら、時間を無駄にかけず、一時間以内できびきび作れるようになりましょう。

〈スコップ〉

スコップは雪崩《なだれ》埋没者を掘り出すレスキュー装備として、雪山では一人一本必携です。ジュラルミン製で組み立て式の軽いものがたくさん売られています。イグルー作りに向いているのは、ブロックをまっすぐ切るためなるべく平らなものが望ましいです。運ぶときザックの外につけると落としたり引っかかったりするので、中にパッキングしたほうが良いと私は思います。平らなものは中に入れてパッキングもしやすいです。

〈ノコギリ〉

ノコギリは、焚き火の項で紹介した樹木剪定用の刃渡り三〇cm以上のものがお勧めです。よく出回っている刃の粗いスノーソーは氷を切るためのもので、そんなに硬い雪の層でイグルーを作っていたら、日が暮れてしまいます。剪定用で切れないような硬い雪では一時間でイグルーは作れません。剪定用の方が焚き火もできますし汎用性がありま す。ノコの本数が作業の能率を左右するので、これも一人一本持ちましょう。軽い物です。刃渡りは長いほどブロックを楽に切り出せます。

〈ゴム手袋〉

あると快適です。薄手の手袋の上につけられるように、少し大きめのサイズのものが必要です。残雪期なら「テムレス」、厳冬期は「防寒テムレス」のボア入りがお勧めです。ワークマンにあります。手が蒸れなくていいです。

〈簡単に作れる雪＝かるかた雪、苦労する雪＝ふわ雪、おも雪〉

イグルーがさくさく作れる雪というのがあります。それはほどよく締まっていて、密度の軽い雪層です。風で叩かれてそこそこ硬いけど、ずっしりの氷ではない雪庇のような雪です。北国の町やスキー場など、豪雪地で吹雪の後の建物には屋根の庇などに、雪の出っ張りができますね。建物の風下側の吹きだまりなどにも、ただ降って積もったのとは違う、ちょっとだけ硬く締まった部分ができます。そういう硬くて軽い雪がイグルーのブロックに適しています。これを仮に「かるかた雪」と呼びます。軽くて硬いからです。こういう雪は、厳しい季節、厳しい稜線ほどたやすく見つかります。気温が一定以上にあがらない所です。

イグルー作りの決め手はこの雪層を探し当てることです。雪庇のところはもちろん、フカフカの新雪を払いのけた下の層などにもあります。こういう「かるかた雪」は、ノコで切れ目を入れればさくさくと良いブロックがとれます。風の強い、樹林限界以上の高さなら、すぐに見つけられます。いつも風が強くて地面が見えているような場所でも、ある程度標高が高い所ならばその周囲五〇m以内に、風下側には必ず適地があります。
逆に困るのはふわふわの新雪だけしかない初冬期と、ガチガチの重い雪しかない残雪期です（雪崩のデブリのような雪、街中の除雪の山のような雪）。前者を「ふわ雪」、後者を「おも雪」と呼びます。ふわふわは踏み固めなければブロックにできないし、ガチガチは重くて、土台用にはいいけれど、三段目以上に積むと安定が悪くて滑り落ちます。よく滑って接着力もありません。標高の低い、植林の杉林の中などは、積雪がいくらあっても良い雪層があまり見つかりません。「おも雪」ばかりです。だから風のない、標高の低い所や人里のイグルーは作りにくくて、少し時間がかかります。標高が低くても、猛吹雪の翌朝なら、いいのができます。地吹雪の吹く津軽平野の田んぼの土手なんかには、いいかるかた雪の所がありました。

積雪量次第で初めにふたつの方針に分かれます

図をみてください。積雪が深く、タテ穴が掘れるところ。もうひとつは積雪が浅く地面が近くて壁をブロックだけで作るケースです。

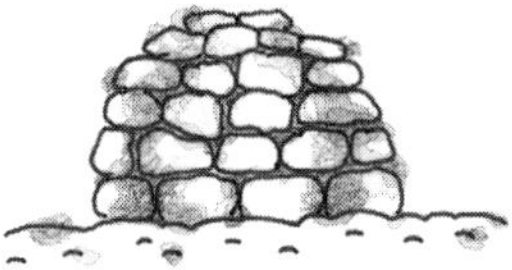

積雪が浅い時

積雪が深い時

積雪が十分あれば、ドーム自体を小さく作って雪面の下（ブロックの下）で横に広く拡げます。ブロックを足元から掘り出すので掘り下げも進み、製作時間が短くて済みます。見かけ上のドーム自体の直径もかなり小さいです。ここで注意ですが横に掘り拡げると、その上は落とし穴状態になるので、あまり壁際を歩くと、踏みぬいて一気に崩落し、やりなおしということも時々あるので気をつけましょう。

一方、積雪が少なければ、ドームは見かけ上も大きめになります。ブロックは周りからも集めます。こちらは壁を高く積む作りになります。出入り口も下からではなく横になります。後から開けるのではなく、私は初めから門を開けて積みます。

大きさの目途

室内の直径は大体ですが、一六〇cm×一六〇cmの正方形に外接する円（直径二mくらい）で三～四人が寝られる目途で作ります。二人や五人なら楕円形です。テントと同じ大きさに作れば良いのですが、初心者はつい大きくなります。大きくするとなかなか天井がふさげず、手が届かなくなって屋根ができませんからご注意を。積雪さえ深ければドーム部分は小さく作り、地下で大きく横に広げるのがコツです。

このとき中で作業する人は一人にとどめた方が小さく作れます。五人以上なら二つに分けて、ひょうたん型にします。ひょうたんにすると二つの円が壁を共有するので強度が増します。直線よりも円形の方が、壁が倒れにくいのです。大きな直径の円形イグルーは天井に届かなくなるから作りにくいし、楕円形は長経側の壁が円ではなく線に近づく分、構造的に弱くて倒れやすくなります。良いブロックが取れない場合は後述の「枝渡し」術でしのぐこともあります。

掘り下げ式イグルーの全体行程図です

壁の一段目と二段目（下段部）は「おも雪」でもよいので、なるべく大きなブロックを足元から切り出して土台を築きます。二段目はただ真上に載せず、さっそく中へせり

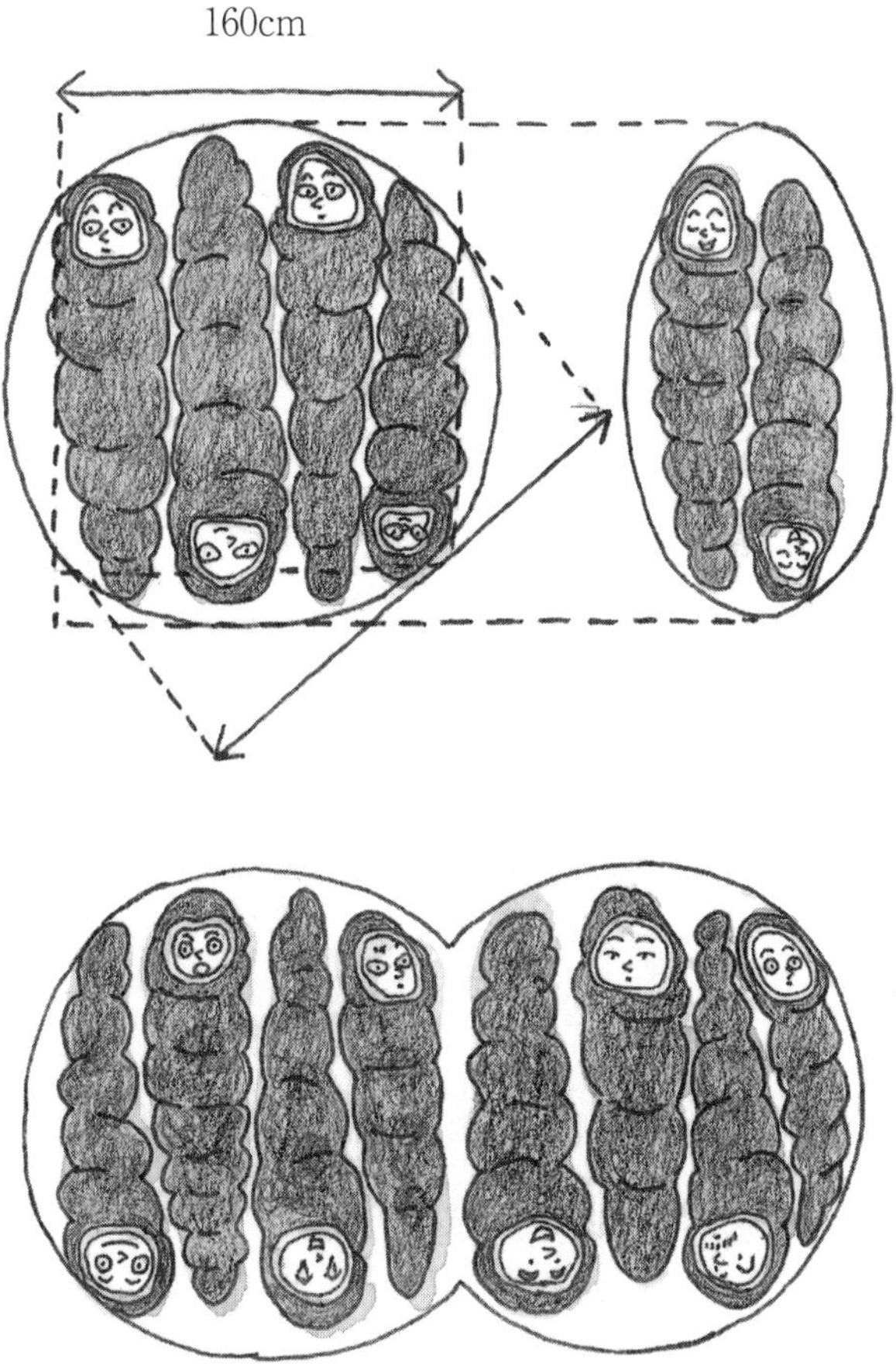

基本とひょうたん型

出させます。

これに対し三、四段目（中段部）のコツは「かるかた雪」を使って軽く長細いブロックをとることです。それが取れる雪層は踏み固めた足元ではなく、積んだブロックの下、タテ穴の横面にあります。ちょうど横への堀広げのタイミングで取ることができます。あるいは外部の雪庇などからとってもらいます。

土台ブロックの切り方

土台の一段目ブロックは理想を言えば五〇×三〇×三〇くらいの大きめのブロックで囲みます。足元から切り出します。ノコで四角くすべての面に切れ目を入れ（下面も）、スコップでこじ開けて取り出します。掘り出して積めば床は低く壁は高くなり一石二鳥です。この下段部は「おも雪」、どんな重い雪でもかまいません。なるべく大きくて幅があるとよいです。

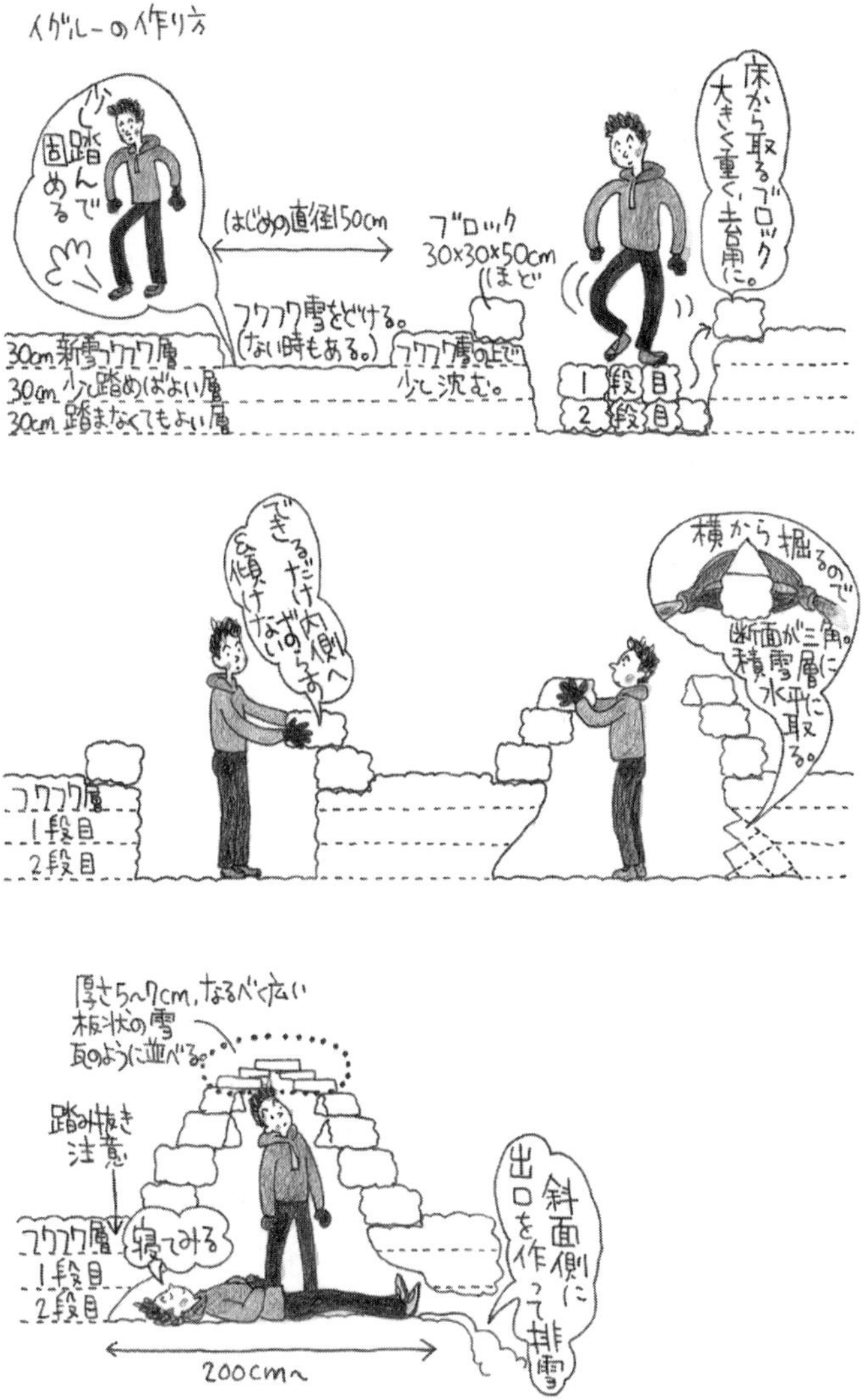

掘り下げ式イグルーの作り方

下段部：二段目からぐっと内側へ載せる

ブロックを傾けて積むのでなく、載せる面は水平で、内側にずらして積みます。円に対してブロックの長辺が長いほど、「橋掛け」ができて、内側へ寄せられます。なるべく早めに中へ狭めます。真上に置いていては、いつまでたっても屋根ができません。イグルーの典型的失敗例は、サイロのようにずんどうの円筒形になってしまうことです。

それから大きいブロックだけを使い、壁の幅を十分（少なくとも二〇cm以上）持たせないと安定しません。中上段でもそうですが、早く高く積もうと、ブロックの幅の狭い面を上に向けて立てて置いてはいけません。なるべく安定させ、ブロックは平べったく積むようにしてください。狭いと、その上のブロックが安定しなくて、後になって結局落っこちます。

中段部：三段目以降は「かるかた雪」のブロックを橋掛け式に組む

掘り下げと積み上げで既に高さは一mを超えているはずです。ここから上は先に触れた、良い雪質「かるかた雪」のブロックだけを使います。「かるかた雪」のブロックが

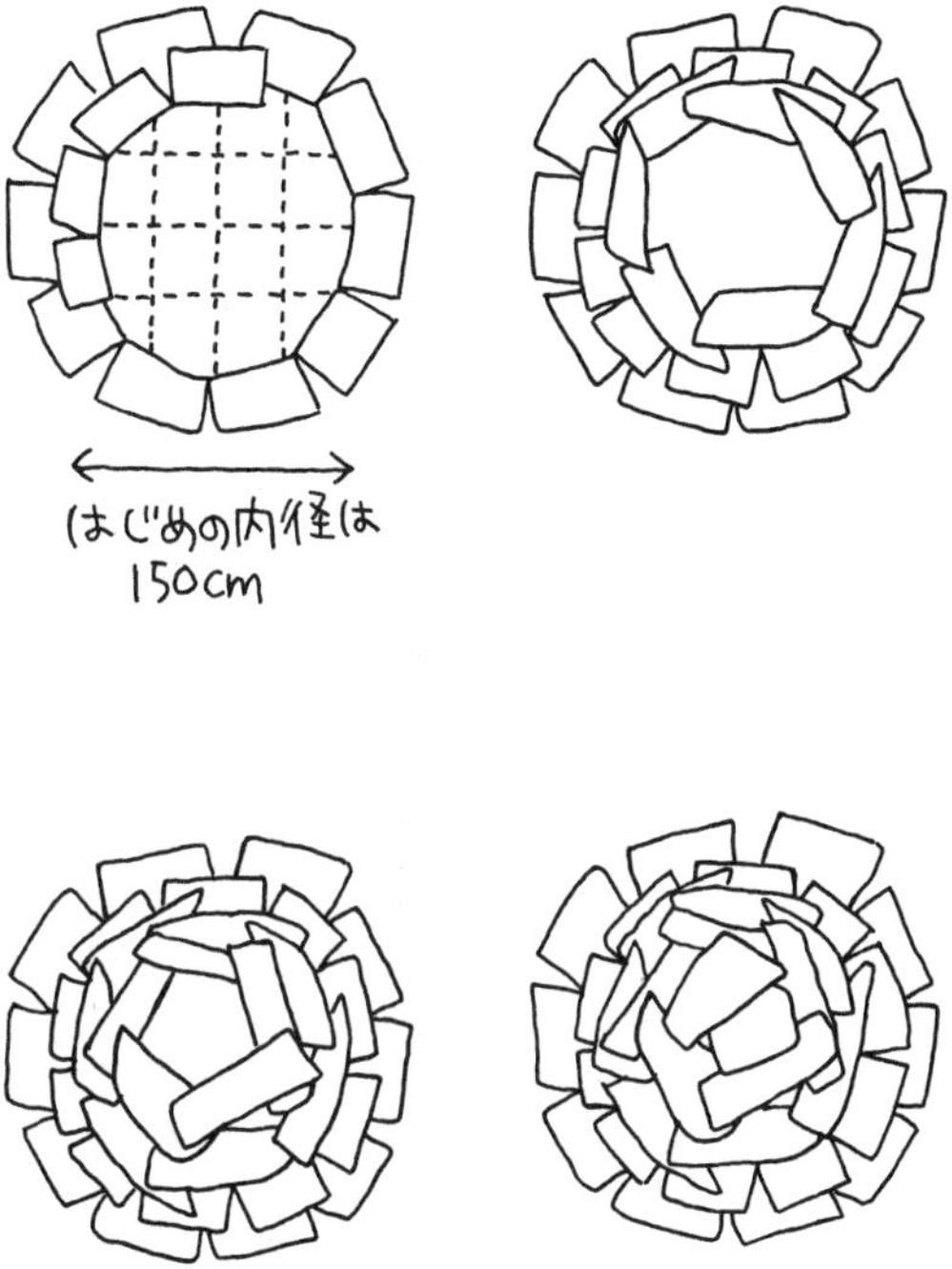

イグルーの作り方。上から見たところ。このように内側にずらしながら組んでいく

ないと屋根をふさぐのが難しいのです。直径は一mちょっとに狭まっていますから円の弧を切る弦のように、なるべく細長くて軽いブロックを組んで行きます。

細長いブロックは雪の積雪層に水平に切り出すと強度のある物がとれます。木材の節と同じです。大きさは四〇cm以上×一五cm×一五cmくらいでしょうか。サイコロのような立方体よりも、消しゴムのような直方体のほうが、転がらず安定してドームを積みやすいことを思い出してください。

このように細長いブロックで多角形の角を埋めていくようにしてドームを作るのを、「ラテルネンデッケ」というそうです。建築学の専門家が教えてくれました。アルメニアの教会の屋根にあるそうです。イタリアのアルベロベッロという村には平たい石を同じように積んだドーム屋根の集落がありました。イグルーの屋根に似ているなあ、と思いました。

上段部：直径が三〇cmほどの穴になったら

最後は細長いまな板のような、軽くしかも強度あるブロックがとれれば、もう天井に板のように渡してしまいます。まな板を載っけただけで、こんなのでいいのか、と思うかもしれませんが、雪は少したつと勝手にくっついて丈夫になります。風が吹いたぐらいで壊れることはありません。このくらいでいいのです。

タテ穴式ではない場合は予め入り口を作っておく

出入り穴の位置

タテ穴掘り下げ式の場合、雪庇のできかけのような急斜面の際に作ります。そこは積雪が多く、良い雪（かるかた雪）の可能性も高く、床を掘り下げた雪を捨てるのが楽だからです。この出入り口は、雪洞のような感じになります。ただし、何百mも下まで滑落しそうな場所はもちろん避けます。出入り穴はブロックを積んだ下部二〇cmほどから横に開けます。この、崖際の雪は吹きだまりの中でも結構理想の「かるかた雪」であることが多いので、天井用のブロックに使えます。中の人が掘って、最後は足で蹴破れば穴があきます。中の床を広く平らに整形し、外の人が協力して雪を捨てます。このあたりの事情は雪洞と同じです。

タテ穴式ではない場合は、あらかじめブロック部のところに鳥居のように門を設けて穴をあけたまま築きます。そのときは長くて強いブロックが掘れたらそれを玄関の上の梁《はり》に使います。なかなか強くて長いよいブロックが出来なければ、木の枝やピッケルを一本渡すと楽にできます。

どちらの場合も皆が中に入り終わったら、寒いのでさっさと壁をブロックでふさいでしまいます。ふさぎ用のまな板みたいなブロックも用意して中に入れておきます。外は酷寒でも中は0度ほどです。

仕上げ　外から隙間埋めと天井内側のカド落とし

三段目以上は井桁風に組んでいますから、結構隙間だらけです。隙間は最後にふさぎますが、人が座ったり寝たりしているのはイグルーの下部の方、元の雪面より下のタテ穴部分なので、風が吹き抜けても案外気になりません。とはいえ細かい地吹雪の吹く富士山では、猛烈に吹きこんで往生しました。こういう山では最後に念入りに隙間をふさぎます。ふさいだ上に、もうひとブロック、外側によろいのように載せると、完璧に強い壁になります。

ブロックの隙間を、ブロックの小さいかけらなどで外からふさぎます。さらさらの雪を押し込んでも駄目なので、積んだブロックの角などをノコギリで切り取り、くさびを穴に入れるようにしてふさぎます。あまり強く押しこむと壁が崩れるので慎重に。天井付近は外からは手が届かないし、少しあいていてもかまいません。この作業でせっかくのイグルーを崩落させないように。積むときは微妙なバランスでかろうじて崩れないように積みますが、時間が経つとブロック同士、くっついて強い殻に変わります。一晩経てば上に人が乗っても壊れないほどになります。これが雪の不思議な性質です。

内部の天井を見上げて、雫《しずく》の落ちそうな出っ張りはノコで削っておきます。ストーブをあまり長時間つけて夜を過ごすと、上部に熱気がたまって天井のブロックの出っ張った部分から、ぽたぽた水滴が垂れることがあります。こうなると硬く凍って削りにくいので、初めにいかにも垂れそうな角を落としておきます。天井に熱気がたまらないよう、少し穴があいているくらいなのがちょうどよいと思います。

屋根がどうしても作れないときのウラの手

屋根を作るために必要な「かるかた雪」がなく、どうしてもふさげないとき、誰でもできるこんな裏ワザもあります。だからテントは持っていかなくても大丈夫です。「ずんどうサイロ」になってしまって日が暮れてきたときは、樹林帯なら近くの木の枝をノコで切って上に掛け、梁を渡すと、大型やコロコロ型で屋根材には不向きな「おも雪」のブロックでも簡単に上に載せられて屋根が作れます。樹林がなければメンバーのストック、ピッケルなども使えます。樹林がないほど標高が高い所では、こうなることは滅多にありませんが、メンバーの足が遅くて、予定の高さに登る前に日が暮れてしまったときに、この手を発見しました。中でひと晩過ごすと雪同士が固まって、翌日はストックなどを抜いても屋根が壊れないこともあります。

屋根の工夫

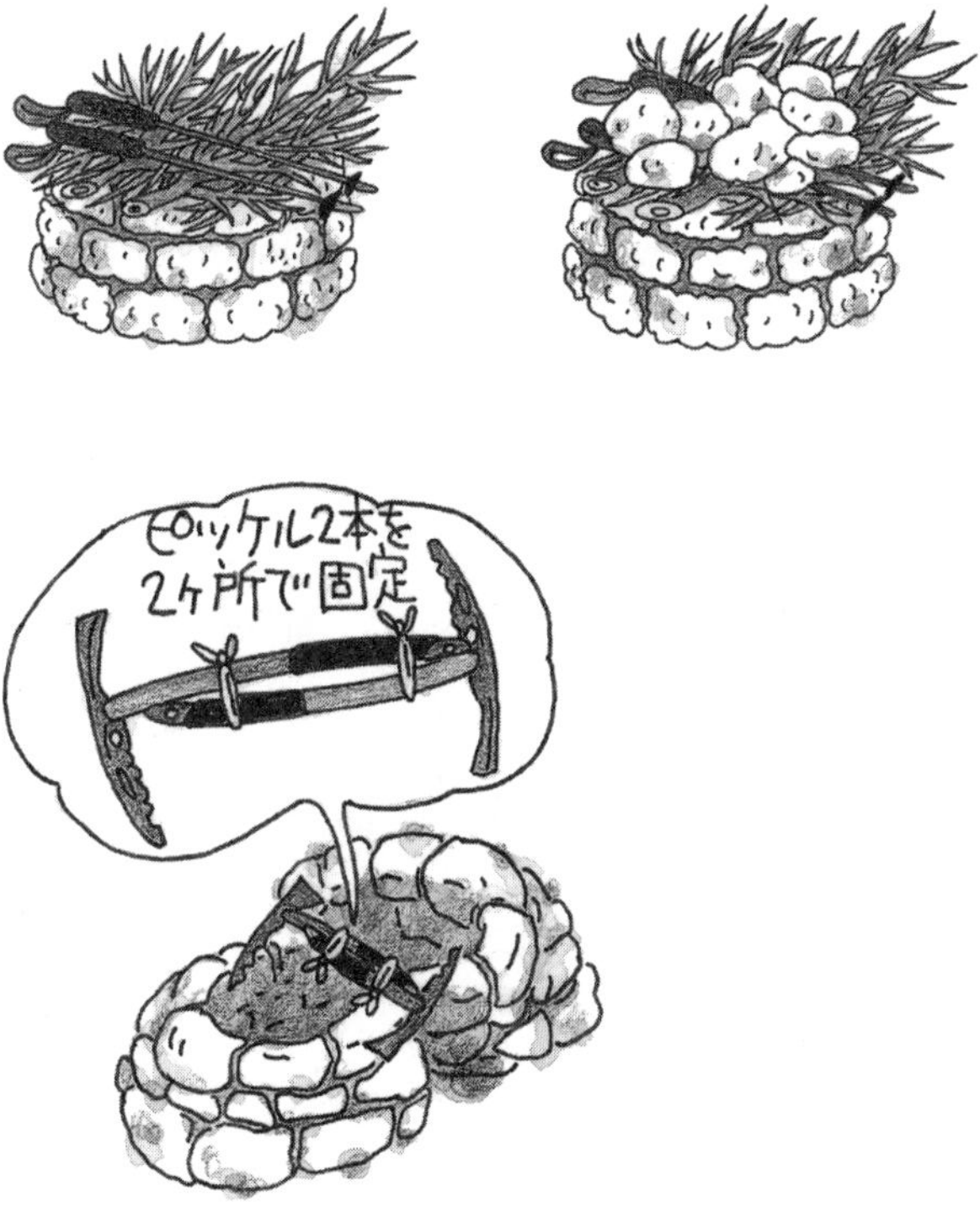

また、五人以上のひょうたん型を作るときの連結穴は、広く作らないと隣と話ができなくなります。広くするためには長い梁が必要ですが、ストックを伸ばした上に重い雪を載せるとストックが曲がりそうになります。こんなときはピッケルを二本、二か所で縛ると強い梁を作ることができます。

四月下旬から五月はもう雪が重くなり、「かるかた雪」はみつかりません。ブロックを二、三段ずんどうに積んだらその上にタープを張ってしまいます。この季節になると気温が高く、たとえ屋根が上手にできても、雨が降ったり気温が高かったりすると夜中にどかっと屋根が落ちたりします。幕の方がかえって快適です。

イグルー失敗の事例三つ

地吹雪や強風が長く続いて、何日か経つとブロックに穴が開くということも時にはあり、そういう恐れのあるときはブロックを厚く二重に積む等で対処してきました。本当に風の強いところは雪が積もらず地面が見えていたりするので、そういうところでイグルーを作ることはなく、少し離れたたっぷりの吹きだまりの縁にイグルーを作ります。

吹きだまりでは削られることはなく、基本的に吹きだまる一方です。テントと違って埋まるのは問題ありません。
ただし、凄い吹きだまり方をすることもあります。これまで泊まったイグルーの中でピンチを感じた極端な例を以下に挙げます。イグルーは完璧、とは書いてきましたが、こういうこともあります。寝床周りの装備品は眠る前にちゃんと片付けておきましょう。

事例1　気温が高く雨が降り、屋根が夜中に崩落

白神山地・三月。イグルーで四日縦走の最中、二日目のイグルーで、夜中に雨が降り、天井が落ちました。雨が降ると天井から雫も垂れ、何時間か前から天井が徐々に下がり始めるので、予想は十分可能です。崩れた雪の下に、細かい装備品が埋もれて無くならないように、整理しておかなければいけません。どさっと落ちるけれど、大した重さではないので慌てることはありません。早めに起きてパッキングして靴を履いてツェルトをかぶり、朝までお茶でも飲んで過ごします。雨ということは、気温も高めなので危機感はありません。この山行では雪が湿って、凄く重いラッセルの行程になり、予定の距離を貫徹できませんでした。でも、楽しかったです。

事例2　地吹雪が猛烈で、隙間から雪が吹き込む

富士山・二月。富士山はもともとイグルーを作れる吹きだまりのできる地形上の突起、尾根型が少なく、降雪量が少ない上に風も極端に強いため、イグルー適地が本当に乏しい所です。かろうじて見つけた厚さ五〇cmほどの吹きだまりでひょうたん型を作り五人泊まりました。暗くなってから凄い地吹雪になり、ブロックの隙間から細かい粉雪が吹き込みました。富士山の地吹雪は風で転がされ放題転がって飛んでくるので、氷のように硬く細かいのです。一晩でみんなの上に五cm積もりました。身体の上に積もった雪は断熱効果のある寝袋なのであまり解けませんが、身体の脇に積もった雪が尻の下で、体温で解けて、寝床が水たまりになってしまい、初めてイグルーに泊まった人が、「もうこりごりだ!」、と言っていました。二泊目にはみんなの上にツェルトをかぶせ、身体の脇に雪が落ちないようにしたら、なかなか快適でした。風上側を中心に丁寧にブロックの隙間をふさぐと多少は快適になりますが、地吹雪が強い富士山の細かい吹き込みに

は打つ手なしです。中でツェルトを張ればよいかもしれません。それでも、風でテントごとぶっ飛ばされる死亡事故も起きている富士山です。テントで泊まることは私には考えられません。

事例3　猛烈な吹きだまりにイグルーごとのみこまれる

三月の知床半島は、二つ玉低気圧がやってきて、何日も猛烈な吹雪が続きます。知床は樹林限界が低く、海岸線の近くに少しだけ灌木《かんぼく》が生えているだけで、半島全体が高山帯のような山です。一九七九年三月、北大山岳部の山行で、三人が疲労凍死する遭難事故がありました。テントが猛吹雪に埋まり、一日中雪かきをし続けて低体温症になった上級生の三人が死んでしまいました。この事故以来山岳部では「テントで泊まっては危ない場所」の範囲が、かなり厳しく考えられるようになりました。そのせいもあって、私が山岳部員だった八〇年代にテントじゃ危ない、雪洞じゃ季節と場所が限られる、ではイグルーならどうだ、という発想になったのです。私がイグルーにこだわるのも、テントは風や吹きだまりに対して弱いという認識からなのです。その後、私も三月の知床の山行でイグルー泊をしました。

凄い低気圧が北海道に接近していましたが、イグルーが完璧だったのでこれで迎え撃ちました。知床も岬に近い方は、そう簡単に下山もできません。下山しても人里のない無人地帯なのです。イグルーは急斜面の際に作ってあったのですが、猛烈な吹きだまりのためその際が谷側にどんどん延長されていき、斜面側の出入り口はどんどん埋まって数メートル先に行ってしまいました。初めはドーム部分が雪の上に一mは出ていたのに、天井近くまで雪面が上昇して、天井の穴の所が最終的な雪面になり、ほとんど雪洞となってしまいました。中にいる身には全く静かで快適でしたが、あっという間の積雪に、三日後に出てきて景色の変わりぶりに驚きました。テントだったらつぶされていました。

北大山岳部とイグルー

イグルー登山は、私の山登りを育ててくれた北大山岳部の登り方です。

北大山岳部は一九四三年に、厳冬期の日高山脈ペテガリ岳（一七三六m）の初登頂に成功しました。冬季のペテガリ岳の初登は、奥深い日高山脈でほぼ最後に残った難問でした。その三年前に大きなテントなどの荷物を運んで沢のルートを上がっている最中に、雪崩で八人が亡くなるという事故がありました。山岳部が始まって以来最大の遭難でした。

北海道の奥深い山中を活躍の場にしていた北大山岳部は、そこにあるものを利用して、軽快に移動できる方法を好み、スキーを履いて雪を見る目を磨き、山を知って行動する術を心掛けるようになりました。ところが未踏のペテガリを初登頂するために、当時ヒマラヤの高峰登山で主流になってきていた、極地法という登山方法も取り入れていました。一九四〇年のペテガリ隊でも多人数で大荷物を何度も往復して稜線上に持ち上げ、時間と物資をかけてゆっくり確実に山頂を狙う極地法を採る方針でした。しかし、こうした方法は、沢の中の雪崩の危険地帯を通過するので速度も落ちるし、通る回数が増えれば、雪崩事故のリスクも上がります。

結果的にはその弱点が裏目に出ての遭難事故だった面があります。この失敗を踏まえて一九四三年の山行では、少人数で、危険地帯をさっと抜け、最終キャンプは稜線に一か所イグルーを作り、そこから一六時間のペテガリ岳山頂を延々往復する軽装速攻の作戦をとりました。いわば北大本来のやり方で臨んで、見事に成功させたのです。

このときの登頂者の一人、今村昌耕《しょうこう》さん（一九一八年生まれ）によれば、一九四三年一月と言えば、本土の本格的な爆撃もまだ始まってなく国民のほとんどはまだ悲劇的な敗戦を想像していなかったそうです。それでももう冬山登山に堂々と行ける雰囲気ではなく、大がかりな隊は控えてこのような形になったという面もありました。この年が最後のチャンスで、もう戦争でペテガリどころではない。しかし三年前に亡くなった先輩と友人たちの無念は、晴らしておかなければならない。いずれ戦地に向かう前に、これだけはけりをつけなければ、という気持ちだったそうです。

遭難した一九四〇年隊に、留学生として北大に来ていたイタリアの登山家、フォスコ・マライーニ氏が関係しています。遭難事故の一日後に現場に着いて惨状を見たマライーニ氏は、その後、軽量登山の方法を模索し、ヨーロッパアルプスで覚えのあったイグルーを実践、何度か道内でイグルー山行をしています。これが日本で初めてのイグルー山行であり、マライーニと親交のあった部員が、その方法をペテガリ岳初登隊に取り入れたのだと言われています。

北大山岳部のイグルー山行は、その後、時々熱心な部員が積極的に作ることはありましたが主流になるほどではありませんでした。戦後はナイロンやビニロンなどの、以前の帆布に比べれば軽くて扱いやすいテントが出回ったせいもありました。イグルーは、作るにも過ごすのにも多少の技術がいるので、誰でもできる雪洞の方がやはり好まれていたようです。

しかし戦後七〇年、創部以来九〇年の今年、さまざまな年代のＯＢに聞いたところ、やはり各時代に研究熱心な部員がいたようです。渦巻き式できっちり作る堅実な人もいて、手引き書も残しています。またヒマラヤ登山隊の前進キャンプでもイグルーを作って登っています。

その後、前述の、一九七九年三月、知床の遭難事故が起き、テントは駄目なときは駄目だ、という認識が山岳部で固まります。私が入部した一九八四年には、テントが雪でつぶされた場合に逃げ場のない場所に泊まる計画は、山行計画の検討会でほとんど賛同を得られませんでした。それで、私が五年目（留年して六年目までやりました）の一九八八年一二月に、ようやくそれまでの冬季山行の経験と実績を示して説得して、もう何年も計画できていなかった厳冬期の中部日高山脈の縦走計画を行いました。

このとき、ペテガリ岳の山頂にテントを張らずに、代わりにイグルーを作りました。ここを含めて三か所、テントがつぶれたら逃げ場のない場所です。その三か所でそれぞれイグルーを作り、そこで低気圧を迎え撃って快適に過ごしました。それまで自分たちが大問題としていた、テントでは怖い天場の問題がイグルーによってあっという間に解決されてしまって、コロンブスの卵とはこういうことをいうのか、と爽快感を味わったのを覚えています。初めはイグルーを作るのに凄く時間がかかっていましたが、そのうち、雪質に応じて、ほんの短時間でも作れるようになりました。ひと休み用の小さなものなら二〇分もあれば作れます。

冬のイグルー技術は今も現役部員の中に生きています。二〇一四年三月の現役パーティーは、知床半島冬期縦走中のイグルーで悪天を迎え撃ち、穴の中で六連泊してやり過ごしました。このときも猛烈に吹きだまってしまい、埋まったイグルーの上にもう一個縦にイグルーを築いたそうです。この間、北海道では平地でも猛吹雪で人が亡くなる大変な事故が続きました。こういうときには行動せず、寝て待つのみです。学生にはその時間があって、その時間をかけてこそ登れる知床の山なのです。

命を救う自信と技術

何よりも重要なのは、イグルーの技術を身につければ、雪が五〇cm以上あるならどこでも安全に寝られるという自信が得られることです。気象遭難で疲労凍死することも決してありません。以前、イグルーを教えた後輩が滑落事故で遭難したとき、一人用棺桶状イグルーを作って一夜を稜線で過ごし、生還したことがありました。

一人用緊急シェルターのイグルーは製作二〇分です。自分の周りにイグルーを積み上げてそのまま寝てしまうという棺桶型のものです。作るスピード優先なので少々狭苦しいですが、死ぬよりはましです。樹林のない吹きさらしなどで現在地不明になったり日が暮れてきたりあるいは仲間とはぐれたりしたら覚悟を決めて作ります。低体温症になって余裕をなくす前に取り掛かりましょう。判断が遅れると、朦朧《もうろう》として何もできなくなります。

〈二つの話『少年駅伝夫』と『デルスウ・ウザーラ』〉

子供の時読んだ『少年駅伝夫』（『鈴木三重吉童話集』・岩波文庫）の話は、心のどこかにいつも残っていました。吹雪の中で身を守る術を山岳部のイグルー術で身につけたときも、この話を思い出しました。スウェーデン北部を旅する男が、豪雪の中、少年の操る馬橇《うまぞり》で次の部落まで行く途中、深みにはまり立ち往生したまま日が暮れ嵐が来ます。少年は、慌てず手際よくソリの下に干し草を敷き、持っていたトナカイの毛皮と、二人が着ていた外套《がいとう》をうまく使ってぴったりと密閉空間を作り、朝まで体をくっつけて暖かく眠ります。男は、少年が身につけていた知恵に驚きます。

『デルスウ・ウザーラ』（東洋文庫・平凡社）にも同じような場面がありました。ロシア沿海地方ウスリーを探検していた一九世紀末のロシア探検家を、ツングース系先住民デルスウが案内します。ある日探検家と二人で本隊から離れていたときに、一面の雪野原で猛吹雪に捕まりました。デルスウの指示で雪の下に生えている茅《かや》か葦《あし》のような草を刈り集め、それを縛って縄文住居のような小さな簡易イグルーを作り風雪の夜を凌《しの》ぎます。

〈八甲田山で疲労凍死を免れた野性の知恵〉

二つの話は近代世界の都市生活者が、先住民や辺境に暮らす人間の持つ、吹雪をやり過ごして生き残る能力を知る話です。人間はそもそも吹雪をやり過ごす能力を持っているのです。

この知恵に敬意を捧げるシーンは、映画『八甲田山』にもありました。二〇〇人近くが、大寒波の八甲田でほぼ全滅してしまった悲劇的な青森連隊と対照的に、同じときにもうひとつの別働隊である弘前連隊の少人数チームは、十和田湖経由で青森隊よりももっと長距離の山越え踏査に成功していました。映画では高倉健さんが隊長だった方の隊です。彼等は道案内に雇った地元の若い娘（秋吉久美子）の案内もあって、吹雪を越えて道を失わずに太平洋側の三本木（現・十和田市）に到達しました。無事に到達すると、誉れ高い軍人が田舎娘に感謝の敬礼をします。健さんの男が上がる場面です。

八甲田遭難の一九〇二年は日露戦争開戦直前で、日本が西欧化して三〇年ほどのころです。まだこの国で冬山登山をするアルピニズムも芽生えていない時代、スキーさえもない時代でした。圧倒的に時代を制した近代的なシステムが雪山の中で手も足も出せず自滅し、世界史上でも空前絶後の冬山大遭難事件になりました。

山の中では、組織力や科学技術とは違うものが大切なのです。近代が失った、辺境に住む者にわずか残された古い世界の知性。彼等はたいした道具を使わずに、手元、足元にあるものを使い、よく馴れた経験で良い判断をしました。そんな技能を自分の身に持ちたいと長く思ってきました。そういう憧れが、私が山登りを続けている動機ではないかと思います。

イグルー技術はまだ進化中

私がここで紹介したイグルーは、厳冬期、技術的にも難易度の高い山域で長期山行をするために、極端に短い時間で作る、実戦用イグルーです。厳しい山登りをやる人には、とりわけ身につけてもらいたい技術です。もっと製作時間をとるなら、もっとしっかり、ぴっちり隙間をふさいで、丁寧な計算されたブロックを切って、美しく螺旋《らせん》形に積む技術もあるかと思います。私の場合は三〇年近く冬山登山を続けて、毎年作り方を変えながら、より早くできるよう、いろんな山域、季節で試し、失敗しながら習得しました。

これだけたくさんいろんな場所で作って泊まってきた人は、他にはいないのではないかと思います。こんないい加減な積み方でも、イグルーは壊れないのだ、ということを広めようと思っています。ただ、イグルー製作法はまだ完成形ではありません。いまも、作る度に新発見があります。たとえば、ブロックが全然駄目で積めなくて、枝渡しを思いついたのは青森の低山でしたし、ほとんど残雪のない三月の八ヶ岳で、雪はあってもブロックが駄目だろうと思っていたのにやってみたら五〇cm下には「かるかた雪」を掘り当てて意外にできてしまったりとか、富士山は粉雪の吹き込みがシビアだとか、最近気が付いたこともあります。いろんな人にイグルー講習をする機会も増えて新しい発見のヒントをもらうようにもなりました。

イグルー作りで雪に取り組むとき、雪の極端な性質をつくづく不思議に思います。冷たくて暖かく、軟らかくて硬く、おいしくてまずく、喧《かまびす》しくて静寂、濡れていながら乾いていて、優しくて厳しく、白くて七色で、六角で無限の形を持つ……そして恐ろしくて親しみ深い。雪とは不思議な物質です。

5　流儀その四　山スキーを使った長距離山行

山スキーとは

スキーといえば普通の人にとっては、スキー場のリフトで山の上に登って、圧雪し整地されたゲレンデを滑り降りるものですね。しかし北大山岳部が生まれた九〇年前は、スキー場はありませんでした。スキーをする人は雪山に自分で登って、新雪や凍った斜面や、バリズボ（バリっと破れてズボっと沈む嫌な雪を、こう呼んでいます）の斜面で練習しました。そもそも、天然の雪の斜面を登ったり下ったりするのに便利な道具として、スキーが生まれたのです。スキーは、広大な雪山を移動するための船のようなものなのです。

ゲレンデしか知らない人に、その本来のスキーを説明します。冬用の登山靴でスキーを履き、板と靴をつなぐ締め具（ビンディング）は、つま先のところが蝶つがいになっていて、かかとが上に上がります。こうすると歩行するのに楽になります。滑降のときだけかかとを板に固定します。こうすると滑るのが楽になります。そしてスキー板の裏

に、アザラシの毛皮（あるいは擬似皮）をスキーの幅に細長く切ったもの（シール）をバンドや糊で貼り付けます。シールをつけると、硬く細かい毛が一方向に倒れて生えているので、前進方向は滑りますが、後ろには下がりません。猫の背中を逆方向になぜると不愉快な顔をしますね。あれがシール登行の原理です。一気にたくさん滑るときはシールをはずします。登るときは付け、ちょっと下るときくらいは付けたまま済ませます。

この山スキーを使うと、ほとんどの急斜面をがばがば登っていくことができます。

山スキーがなければズボズボと首まで埋まってしまう深い雪でも、せいぜい膝ぐらいまでしか沈まず、ジグザグを切ればどんな斜面でも。直登だったら雪質によりますが、傾斜三〇度くらいでも登れることがあります。北海道の人は、冬山では山スキーなしでは登りません。雪のない地方の人はスキーになじみがうすいので輪かんじき（最近はスノシュー）を使いますが、沈み方が全然違います。スキーができないから、という理由で輪かんじきしか使わない人が北海道外にはたくさんいますが、スキーなんか滑れなくたって、登る道具としてだけでも山スキーは申し分ありません。北海道の岳人にとってスキーは滑って遊ぶおもちゃではありません。登山に欠かせないクライミングギアなわけです。

樹林のない山頂に近付くと強い風のため凍った斜面になります。技術が高くなければスキーで転ぶと滑落してしまうので、そこから先はアイゼンに履き換えます。スキーは、山頂より先に進むなら背負い、そこに戻るなら突き刺して置いていきます。

北海道の山は道外の山に比べて急峻《きゅうしゅん》な山が少なく麓からたっぷり雪が積もっているの

も、山スキーが向いている理由の一つです。そして、道外ならば人里になっているような山間や山麓の緩傾斜地や盆地なども、寒冷地のため無人だったり開拓放棄地だったりして無人境が広いのが特徴です。それも山スキーで長距離の山行ができる理由の一つです。

私が忘れられない北海道らしい山スキーの山旅は、学生時代、道北の天塩山地を二週間、いくつかの山頂を天気待ちをしながら山スキーで山越えをしてつなぎ、時には廃墟集落の廃屋にツェルトをつるしたり焚き火をして登りました。人が暮らす領域から長期間離れて、延々スキーで移動する山登り、これが北大山岳部の山行の原点だと思います。登山には有名なルートがあってそこを辿《たど》ると言うのではなく、地形図を見て、この山にどこから近づいてやろうかと弱点や魅力ある地形を探し、山スキーで延々近づくのです。山を越え、向こう側の土地へ下りて行きます。川も渡るし、海もあります。北大の山岳部ではこうした探検的な山登りに育まれて、一九五〇年代の南極観測隊や、一九六〇年代以降のヒマラヤへの学術調査隊が続きました。

二〇一六年春、山岳部の現役学生五人が、ロシアのカムチャツカ半島の情報皆無の未知未踏の山脈を山スキーで踏破する山行を実践しました。スキーだけで三六〇km、ほぼ一か月をかけた大旅行です。二一世紀の今、お金を払えばエヴェレストにもガイドが連れて行ってくれます。ガイドブックには有名な山のルート案内は懇切丁寧で、ネットにもたくさん記録がある時代です。未知未踏の場所なんか本当にあるのかと思うかもしれません。もちろん先住民はいるし、誰かが歩いていない証拠はありません。しかし、誰も知らない、新聞やテレビにも載らない個人的な探検は、今でも十分にできるのです。

国内でも、週末山行でも、もちろんできます。私は雪が締まった残雪期に、八甲田から陸奥《むつ》湾まで山をつないで四〇kmを二日間で歩いたこともあります。吹雪の津軽半島の先端部を龍飛崎《たつぴざき》まで両側に海を見ながら二〇km進んだこともあります。夏には藪に覆われ、こんなに楽に移動はできません。雪が覆った山は、スキーで自由にどこにでも行けるようになるのです。有名な山はありませんがその山行には、私たちにとって価値のある山頂が必ずあります。たとえその高まりが夏には自動車道で行けるような場所でも、冬は一切の人造物を雪が覆い隠し、人によって傷つけられた山も原始の美しい姿に戻れるのです。

無人地帯だけを通って、太平洋から日本海へ渡島半島を横断したいなとか、中部千島のウルップ島やシムシル島を、全山スキー縦走したいなあ、樺太《からふと》の横断もしてみたい、などというような発想は、山スキーから生まれます。山岳部の仲間には、摩周湖《ましゅうこ》から知床岬までの一五〇㎞を三週間かけて山スキーでつなげた記録もあります。

先にも触れた八甲田遭難の時、一九〇二年の日本人は、まだスキーどころか近代登山としての冬山登山をしていませんでした。雪国の山仕事の人が輪かんじきで登っていただけだと思います。遭難の報道を聞いて、ノルウェー国王からスキーが送られてきたそうです。その後陸軍が軍用にスキー講師を招いて新潟や北海道で始めたのが日本のスキーの始まりです。その後の一九一一年、北大スキー部創立、一九二〇年代に北海道の山々の冬季登山がスキーによって行われ、一九二六年スキー部の山班が山岳部として独立しました。一九二〇年代は慶應義塾大学や学習院大など東京の大学でも相次いで山岳部が創設され、北アルプスや上越の山々の冬季初登の黄金時代となりました。日本のアルピニズムはこの時代、北海道と本州で同時に始まりましたが、スキーを山に使うかどうかで大いに違う流派になった気がします。

現在の山スキーは少し違う

一九九〇年代に、「アウトドア」という言葉が広がって、スノーボードや、マウンテンバイクや、そういう自然の中で遊ぶ結構高価な道具がたくさん出回りだした頃から、山スキーも「バックカントリー（B.C.）スキー」と言われて東京周辺でもやる人が増えました。深い粉雪の大斜面をダンスするみたいに上手に滑り降りるような映像があっちこっちで流れて、とても楽しそうです。冬山登山者で山スキーを始めた人もいるのですが、ゲレンデでは上手な人がリフトで登って、ゲレンデではなく後ろの山に滑り降りるという人も多いようです。冬山登山者でさえ雪崩も迷子も疲労凍死もあるのですから、ゲレンデから外に出て遭難する事故がかなり増えました。今も多いです。粉雪ふわふわ斜面というのは雪崩の危険と紙一重なので、それほど気楽にやれるものではありません。ゲレンデと天然の山では、動物園とサファリパークぐらい違います。同じ程度の認識で踏み込めばライオンにかみつかれてしまいます。せめて、リフトで上がるというようなズルはやめて、下からラッセルして登れば、その日の雪の状態について観察し危険を考察する可能性も生まれるでしょう。

実際の山では粉雪ウハウハの滑降体験なんて、一日一〇時間の山の中で、ほんの一〇秒か二〇秒、あるかないかです。下手したら藪や雪質が悪くて、快楽滑降一切無しの山も珍しくありません。たったそれだけでも、苦労して登って来た行程と、やりとげた達成感があるからこそ忘れられない数十秒になるのです。自分の体験を、自分にとって価値の高いものにするためにも、念入りに手抜きなく、山登りに向かいたいと私は思います。

ビンディングも靴も、以前とは様変わりしています。実は山スキーの道具は今、滑降だけを楽しむ人向けの道具ばかりになってしまっています。スキーは、靴が足にがっしりくっついて、なるべく足首が固定されているほうが、滑る時楽に回転（方向転換）できます。ゲレンデ用のスキー靴がそうですね。これに対して登山靴は足首がある程度自由でなければ、歩きにくくていけません。以前の山スキーは登山靴でやっていましたから、登るのには楽でしたが、滑りは結構技術が必要でした。猛練習した人以外はみんなへたくそに滑っていました。ダンスみたいに格好良くはなくても、曲がって止まれて、転ばなければ楽しく下れます。それで結構楽しんでいたのです。

しかし、山スキー人口（B.C. 人口というべきか）が増えて、今はゲレンデにいるみたいな足首の上、ふくらはぎの下まで高く覆う「山スキー兼用靴」というのが主流になっています。これは滑ることを重要視する人向けの靴で、あまり登りやすい靴ではありません。私は、滑りは一〇時間のうちの数十秒という認識なので、今も登山靴で続けていますが、最近は、登山靴で装着できるビンディング自体が少なくなって、ビンディングに装着できる登山靴も減っているように思います。長距離山スキー山行の足元は、簡単に手に入らない時代になっているのかもしれません。板も軽くて高価なものがたくさんあります。今は山スキー道具をそろえれば十万円はかかるらしいです。しかし、我々山岳部員の認識では、板は一枚千円のものでも、スキー部部室裏に捨ててあったエッジのさびた板でもOKでした。どうせ岩や藪の中を滑るのですから、すぐに傷だらけになり高価なものは悲しくなるだけです。長い山行の果てに板をビンディングからはずして、海岸の焚き火で板を燃やして帰ったこともあります。板の先にドリルで穴をあけて紐《ひも》を通して輪にし、いざというときは引っ張って歩けるようにもしています。長距離スキー山行にはいろんな局面があるのです。

シールも、今は裏面に糊が塗ってある貼り付け式のシールが主流ですが、私は北海道でしか売っていない、バンドで締めるタイプを愛用しています。シールは登りで取りつけて下りではずしてと、野を越え山を越え行くような山行では結構頻繁に着脱するのですが、バンド式の場合、慣れればスキーを靴からはずさずに着脱できるのです。粘着式ではそうはいきません。それに氷点下二〇度以下になると、糊が全然くっついてくれなくなったりもします。バンド式はその心配がありません。古い道具ばかり肩入れして恐縮ですが、道具は時代が下るほど良くなるわけでもないと思います。

靴もビンディングもシールも、近年のものは、滑降遊び用に特化してきている気がします。壊れにくく、修理しやすく、構造が簡単な道具が、長距離山行には必要です。

あとがき

冒険登山とは

表題の「冒険登山」、登山はもともと冒険のはずなので何を今さらとは思います。え？　登山は「安全登山」が望ましくて「冒険登山」なんてとんでもないでしょうか？　「冒険」という言葉は近頃、窮屈な世の中で嫌われすぎているかもしれません。しかし実際にはどこにもない「安全登山」がどこかにあるように思うほうが、危険なことだと私は思います。山登りとはそもそも危険と隣り合わせです。そしてそこにこそ山登りの楽しみが詰まっていると思います。

初級者にとっても、経験者にとってもいつ訪れるかわからない「多少のピンチ」をなんとか切り抜ける、それが冒険登山です。切り抜ける力を養うためにも、なるべく便利な道具などに頼らずに生身で天然の山に向き合いましょう。そうして初めて冒険登山が楽しめるのです。

「モノに頼らない」登山の追求度は、人それぞれと思います。たとえば車で山奥の登山口の駐車場まで行かず、山麓《さんろく》の駅から、今は廃《すた》れ気味の道から登るのは新発見が盛りだくさんの登山でおすすめです。

私のようにテントを持たず、夏は寝袋やストーブも持たないという段階やそれより上の、「サバイバル登山家」服部文祥《はっとりぶんしょう》さんは、食べ物も持たず、現地で魚やヘビ、カエルをとるという山登りを実践しています。北大山岳部の、一九六一年の部報に「さすらいの日高」という伝説の山行記録があります。塩と少しの小麦粉などだけ持って、あとは山菜と岩魚をとりながら、長期間、日高山脈の沢登り山行をした記録です。やっぱり先人は、「モノに頼らない」登山をやっていました。

何かにたよらずフリーに山に登る

本書は、はじめて山に登るには、という初級者向けの書き出しから、後半は冬山や道なし登山の話になってしまい、自分で書いておきながらこれは初級者向けの手引き本ではないかもしれない、とは思いました。でも初級者でも覚えておいて先々実践してほしい大切なことを書きました。まずはそれぞれ身近な山で、登り始めること。それから大切なのは何かを頼りにしないで、手作りの計画で、自分の力試しをしてみることです。これが、本当に長く山登りを楽しむための入り口ではないかと思います。頼りになるものを使わないことを、英語で free（フリー）といいます。高所登山で無酸素ならoxygen free（オキシジェン・フリー）、人工物を使わないで登るのが free climbing（フリー・クライミング）です。フリー（なし）になるほどに、フリー（自由）を感じるのが不思議なところです。そして山登りは競技ではありません。フリーの度合いは自分のペースでやれば良いのです。

自由な山の空気を高校生に吸ってほしい

フリー（なし）の話からもう一つのフリー（自由）について、若い人に特に伝えたいことがあります。それは山の中で感じる底なしの「自由」の感覚です。山の中でピンチに遭ったとき、解決したとき、たった一人で決めるとき、周りに誰もいなくて何をしてもいいとき、でも何もできなかったりするとき、日常では味わえない「自由」を感じます。私は高校生のとき山でそれを感じました。それこそが山登りをこれまで続けてきた最大の魅力だったと思います。

その底なしの「自由」感は家庭や学校では体験できません。けれどもひとりで山に登ると、孤独を通して、かすかな自信と、将来はもっと遠くに行けるんだという小さな手ごたえや夢が生まれます。そして山登りは生きるすべての技術を身につける行いです。行き先も、日程も、持ち物も、目的も、ペースも、全部自分で決める自由があります。

だから山登りを始めるなら、中高年になってからではなく、17歳ぐらいからを勧めます。親から独立して、一人前になりたいと思うころです。この年ごろにこそ、たった一人で人を頼らずに登山を始めてほしいと思います。近い将来高校を卒業して、家を出て、どこか新しい世界へ行くと思います。自分の人生を自分で決める大切な時です。きっと山登りで知った本当の「自由」の感覚が生きてくるはずです。

若くてお金がなくても、遠くまで出かけなくても、家にある道具だけでも、ダサいジャージしか持っていなくても、山登りは始められます。ふるさとの山登りに、たいしてお金はかかりません。バスを調べて乗り継ぐのも、自転車をこいで山麓まで行くのも自由です。歩いて行ったたっていい。たりない道具は持っている人を探して借りればいいと思います。今はモノがあふれている時代で使われていない道具はあちこちに眠っています。

ふるさとの山を見渡せば、この山なら自分の力で登って、山頂で一泊して帰れるかもしれないな、という山が、きっと見つかると思います。登る途中で無理を感じて引き返す判断も十七歳なら十分できるでしょう。すでに一人で山に登る力は十分あると思います。そして小さな山頂から遠くにもっと高い山を眺めれば、いつかそこに登ろうときっと思うはずです。山の中で、本当の「自由」の空気を吸ってきてほしいと思います。

この本がそんな山登りのきっかけになってくれればと思います。ちくまプリマー新書は、かねがね愛読していました。そのひとすみに並べていただけることにとても感謝しています。

山登りのプロでも、なにかを書くプロでもない私の文章を見つけて執筆を誘ってくださった筑摩書房の鶴見智佳子さんに、それから高校生の時に山に行く息子を放っておいてくれた父母、山登り夫といつも機嫌良く暮らしてくれている妻、娘に深くお礼をのべたいと思います。

ちくまプリマー新書

042 自分のためのエコロジー　甲斐徹郎

「自分が気持ちよく暮らしたい」。そんなエゴを追求するうちに、家も街も住みやすくなり、ヒートアイランド現象だって解決。まずあなたの部屋からはじめよう！

140 波乗り入門　出川三千男

波乗りの魅力とは何だろうか？　海には線も引いてなければ信号機もない。すべてが自己責任である。だがそこが、サーフィンというスポーツの圧倒的解放感になる。

146 スポーツを仕事にする！　生島淳

選手以外にもこんな道が！　急増する大学のスポーツ関連学科や、急成長する職業の今をレポート。イチローのトレーナーやメダリストの広報などへのインタビューも。

161 鉄道ひとり旅入門　今尾恵介

こんな時代だからこそ、鈍行列車に乗り、ひとり旅に出よう。車窓の風景に目をこらし、想像を膨らませれば、その土地の人々の営み、過去や未来も見えてくる。

176 きのこの話　新井文彦

小さくて可愛くて不思議な森の住人。立ち枯れの木、倒木、落ち葉、生木にも地面からもにょきにょき。「きのこ目」になって森へ出かけよう！　カラー写真多数。

ちくまプリマー新書

193
はじめての植物学
――植物たちの生き残り戦略
大場秀章
身の回りにある植物の基本構造と営みを観察してみよう。大地に根を張って暮らさねばならないことゆえの、巧みな植物の「改造」を知り、植物とは何かを考える。

252
植物はなぜ動かないのか
――弱くて強い植物のはなし
稲垣栄洋
自然界は弱肉強食の厳しい社会だが、弱そうに見えるたくさんの動植物たちが、優れた戦略を駆使して自然を謳歌している。植物たちの豊かな生き方に楽しく学ぼう。

155
生態系は誰のため？
花里孝幸
湖の水質浄化で魚が減るのはなぜ？　湖沼のプランクトンを観察してきた著者が、生態系・生物多様性についての現代人の偏った常識を覆す。生態系の「真実」！

138
野生動物への2つの視点
――〝虫の目〟と〝鳥の目〟
高槻成紀
南正人
野生動物の絶滅を防ぐには、観察する「虫の目」と、生物界のバランスを考える「鳥の目」が必要だ。〝かわいそう＝保護する〟から一歩ふみこんで考えてみませんか？

036
サルが食いかけでエサを捨てる理由《わけ》
野村潤一郎
人間もキリンも首の骨は7本。祖先が同じモグラにも処女膜がある。人間と雑種ができるサルもいる!?　――動物を知れば人間もわかる、熱血獣医師渾身の一冊！

ちくまプリマー新書

ちくまプリマー新書

chikuma primer shinsho

ちくまプリマー新書 264
冒険《ぼうけん》登《と》山《ざん》のすすめ　最低限の装備で自然を楽しむ

二〇一六年十月十日　初版第一刷発行

著者　米山悟（よねやま・さとる）

装幀　クラフト・エヴィング商會

発行者　山野浩一

発行所　株式会社筑摩書房
東京都台東区蔵前二－五－三　〒一一一－八七五五
振替〇〇一六〇－八－四一二三

印刷・製本　株式会社精興社

ISBN978-4-480-68965-8 C0275　Printed in Japan